TRIADA PARA AMARTE

Una nueva forma de descubrir el amor

Roy

Editorial

90daysoulmate.com, LLC.

New Jersey, USA

2

Copyright © 2014 by Rogelio Elias Jimenez

DERECHOS RESERVADOS

Ninguna parte de esta publicación puede ser reproducida, almacenada en un sistema de recuperación, o transmitida en cualquier forma o por cualquier medio, sea electrónico, mecánico, fotocopia, grabación, el escaneo, o de otro modo, excepto según lo permitido bajo la Sección 107 o 108 de ano 1976 de los Estados Unidos Copyright Act, sin la previa autorización por escrito del autor.

Límite de Responsabilidad / Renuncia de garantía: Si bien el editor y los autores han utilizado sus mejores esfuerzos en la preparación de este libro, que no hacen ninguna representación de las garantías con respecto a la exactitud o la exhaustividad de los contenidos de este libro y especial, negamos cualquier garantía implícita de comerciabilidad o aptitud para un propósito particular. El consejo y la estrategia contenida en este documento puede no ser adecuado para su situación. Ni el editor ni los autores se hacen responsables de los daños y perjuicios, incluyendo pero no limitado a daño especial, incidental, consecuente, o de otro tipo.

Diseño de la Cubierta: Jim Gulnick,

Edición: Lisett Gulnick

New Jersey

Corrección: Carolina González

www.carolinagonzalezarias.com/

ISBN: 978-1-941435-00-7

Editorial: 90daysoulmate.com, LLC

4

CONTENIDO

DEDICACIÓN E INSPIRACIÓN 7

INTRODUCCIÓN 9

CAPÍTULO I 17
   TRÍADAS COMO FILOSOFÍA DE VIDA 17

CAPÍTULO II 43
   LA TRÍADA DEL SER HUMANO 43

CAPÍTULO III 65
   DEFINIR EL AMOR BAJO LA TRÍADA DE NUESTROS ANCESTROS GRIEGOS 65

CAPÍTULO IV 83
   DEFINICIÓN DEL AMOR BAJO EL PSICOANÁLISIS 83

CAPÍTULO V 97
   LAS TRÍADAS DEL TIEMPO 97

CAPÍTULO VI 109
   LAS SEPARACIONES Y LOS DIVORCIOS 109

CONCLUSIÓN 121

REFERENCIAS 127

6

DEDICACIÓN E INSPIRACIÓN

La razón que me inspiró a escribir este libro fue percatarme de la importancia que tiene una familia sana para nuestra sociedad, y ayudar a cada uno de los hogares para que pueda existir en ellos amor, paz y esperanza de vivir en armonía.

Agradezco en primer lugar a Dios por haber puesto en mi camino a mi mentor Doctor y Reverendo David Chávez, por su ayuda y colaboración que me permitieron hacer cambios trascendentales en mi vida.

A una gran mujer Rosa González por su paciencia y apoyo.

Este libro lo dedico a tres asombrosas mujeres que han sido mi inspiración para realizarlo. Ellas saben.

A todas aquellas personas que están dentro de una tríada en su vida, quizás sin saberlo y se encuentran en esa constante búsqueda de oportunidades.

A quienes necesiten de una guía para conocer el amor, la compasión, reencontrar el amor en la pareja.

A mis hijos porque cada momento que estoy con ellos me enseñan a amar los detalles más simples de la vida.

Dios es amor. Un hogar sin armonía, fe y esperanza es un hogar sin valor.

Sinceramente,

Roy

INTRODUCCIÓN

Aquí estoy ahora escribiendo acerca del dilema del amor. Las preguntas que emergen de mi mente son: ¿Qué es el amor? ¿Por qué si hay mucho amor al inicio de las relaciones estas terminan en divorcios? ¿Cómo sobrepasar una crisis emocional y volver a creer en el amor?

Son muchas las dudas que me han hecho incursionar en el mundo de la investigación acerca del amor. Mi indagación recorre todos los niveles, haciendo análisis, y buscando muchas repuestas que me permitan descubrir mi propio yo.

Cuando hablo de crisis emocionales, me refiero a cuando muy dentro de mí siento ese dolor que en ocasiones viví cuando tenía problemas de pareja; ese sabor amargo en mi boca a la hora de manejar temas tan complicados del amor con mi pareja y terminar más confundido que cuando comencé. Suena irónico ¿no? El dulce sabor del amor que nos hace reír, soñar, cantar y que de un momento a otro nos hace llorar, lamentar, sufrir.

Conozco varios amigos, tanto hombres como mujeres, que me dicen "mejor solo que mal acompañado". Ellos tomaron la decisión de rendirse; no quieren creer en el amor, en establecer una relación. Renunciaron al sueño de Cupido, y con ello a formar una familia, un hogar.

En este espacio quiero conectarme con todas aquellas personas que desean conocer más del amor y descubrir a través de él la esencia que mueve el mundo. Deseo que puedan encontrar respuestas para que comiencen a creer que existen otras oportunidades; como dice un famoso dicho, "no hay quinto malo".

En este recorrido quiero brindarles mis investigaciones, mis analogías acerca del amor y las relaciones de pareja, con las que podamos disfrutar los análisis que usualmente se hacen con la almohada, en conjunto con las emociones que se viven debajo de las sabanas. Este libro ofrecerá un enfoque poco común con el que tanto tú como tu pareja lograrán descubrir aquello que en algún momento los atrajo y que probablemente ahora los mantiene separados.

Hubo una época de mi vida en la que a mi alrededor los divorcios se pusieron de moda y yo no fui la excepción. En el año 2009 pasé por una fuerte crisis emocional, debido a la ruptura de mi primer matrimonio. Durante el traumático proceso de separación en mi mente retumbaban algunas frases que muchas veces me decían mis padres y los padres de mi exesposa: "no se casen, son muy jóvenes". Pero para ese entonces nosotros solo queríamos estar juntos, y era tanto el desespero que ya habíamos procreado un hijo, o sea, nos comimos la torta antes del recreo. Era un amor apasionado, puro, un amor verdadero, un amor de niños, no nos importaba nada en ese momento. Hoy que ya han transcurrido trece años de aquella relación me doy cuenta de que éramos niños tratando de comportarnos como adultos y buscando seguir las reglas y patrones de la sociedad. Para ese entonces nuestras creencias estaban fuera de la realidad que estábamos viviendo, pero quién puede saber qué es real o no cuando está enamorado.

En ese mismo año los proyectos de trabajo se terminaron, mi estabilidad económica y emocional se desbalanceó totalmente, mi exesposa me reclamaba un supuesto "tiempo y espacio", en pocas palabras que me saliera de la casa, que la dejara tranquila. Yo le decía: "Y por cuánto tiempo?". Estaba en una situación complicada, sin pareja, sin familia y sin trabajo. Me sentía como un vagabundo sin dirección. En mi mente no existía respuesta a lo que estaba viviendo. Por otra parte era imposible regresar al nido materno ya que tenía más de nueve años fuera de la casa de mis padres; entonces le pedí apoyo a un excompañero de trabajo y amigo para que me ayudara con una recámara por un tiempo. Su apartamento quedaba en una zona céntrica en la ciudad de México. Una vez allí me di a la tarea de buscar empleo, pero la desesperación, el tiempo y la falta de dinero me fueron llevando a tomar otras decisiones.

Una vez que comencé a vivir con mi amigo, quien es un recurrente bebedor de fin de semana, beber con él se convirtió en un escape. Esa fue una de las razones por las que me separé de mi exesposa, y sonaba irónico pues trataba de huir de algo que me perseguía o quizás de algo que yo mismo buscaba, pero una parte de mí se negaba a reconocerlo. Yo seguía en un camino que sabía que no era bueno, pero mi ego me ayudaba a justificarme y a hacerme sentir mejor.

Pasados varios meses, siempre tuve la esperanza de volver a casa, y más aun porque se acercaba el cumpleaños de mi hijo. Cuando llegó ese día, mis exsuegros, que vivían en Chihuahua, se quedaron en nuestra casa a pesar de tener una enorme casa allí en la ciudad de México. Esto le agregaba un poco más de dificultad a la situación que estábamos viviendo, pues hasta el momento nuestra separación no era pública. Ese cumpleaños no lo voy a olvidar, pues entre familiares y amigos se hizo del conocimiento de todos nuestro problema, y mi exesposa decidió dejar el condominio. Fue asombroso cómo sacaron todo del departamento en taxis; una mudanza express. Fue como una película pasada a máxima velocidad. Desconocía las habilidades de mi esposa para las mudanzas, pues en tres taxis se llevaron todo lo que pudieron.

Después de algunas semanas regresé a casa de mis padres. Me puse en contacto con mi amigo Aurelio quien me conoce desde los quince años y me invitó a visitarlo a Salt Lake City, en el estado de Utah, Estados Unidos. No lo pensé mucho porque ese viaje me ayudaría a distraerme y a olvidar lo que estaba viviendo.

Aurelio es un amigo que he admirado siempre. Una persona centrada en la realidad con una manera muy balanceada de ver la vida, pues maneja lo lógico y lo emocional a la vez. Me ayudó mucho el haberlo visitado.

Salt Lake City es un lugar mágico, pero mis sentimientos seguían a flor de piel. Solamente la incertidumbre que estaba viviendo era mi guía en el día a día. Trabajé en Salt Lake City dos semanas en las fachadas de las casas. Sin saberlo para ese entonces mi vida estaba dando un giro.

En ese lugar mágico inmerso en la religión mormona conocí a Danielle. Ella me enseñó a orar; orábamos juntos cada vez que nos veíamos y pedíamos a Dios que nos mostrara el camino. Pasado un tiempo ella tuvo una desilusión amorosa: se había casado y a los seis meses se divorció. Tuve la oportunidad de platicar con ella acerca de su separación y me comentó que su expareja no había superado los problemas de su niñez y que él simplemente se fue de casa sin despedirse.

Comenzaba la temporada de frío en Salt Lake City, y el trabajo de la construcción se detenía por un buen rato. Entre el fuerte cambio de clima y mis emociones todavía revolcándose en mi mente, decidí visitar a unos parientes por parte de la familia de mi papá que vivían en Texas. Ellos conocían mi situación y sabían que no iba como turista. Me recibieron en su casa y pasaron la voz entre sus amigos y conocidos de que yo necesitaba trabajo para juntar algo de dinero y regresarme a México. Pero uno propone y Dios dispone.

Una vez en Texas, una amiga de mi tía me ayudó a colocarme en un buen trabajo. Para aquel entonces mis emociones y sentimientos seguían a flor de piel y me di cuenta de que algo dentro de mí me estaba haciendo ver y escuchar cosas que antes no percibía. Después de un par de años Dios puso en mi camino al Dr. David Chávez quién me ayudó a comprender lo que quiero expresar en este libro, pues más que un testimonio es un aprendizaje de cómo cambió mi vida y por ello deseo ayudar al lector a que reflexione antes de tomar cualquier decisión que vaya a impactar la suya.

En cada momento de nuestra vida existen situaciones difíciles de afrontar. Los problemas en las relaciones no distinguen estilo social, raza, status económico, educación o cultura. Mi separación y divorcio me provocaron un impacto tanto emocional y físico como social. Cuando existen niños en la relación también existe un desequilibrio en su formación y educación y manera de percibir la vida.

Después de haber sobrevivido a esta crisis, mi visión hacia las relaciones cambio drásticamente. Primero me hice antidivorcios, es decir, "keep your family", pero también en ocasiones me contradije, pues entendí que cada uno de nosotros como individuo debe seguir su camino, bien sea junto o separado de su pareja. El huir no ayuda a sanar, además de que el universo conspira con tu transformación y bajo la influencia de las tríadas del amor tus decisiones serán más sabias y sanas para tu cuerpo, mente y alma.

Por eso el amor es un acto de fe y actitud porque solo tú tienes el poder de sentirlo .

CAPÍTULO I

TRÍADAS COMO FILOSOFÍA DE VIDA

18

CAPÍTULO I:

TRÍADAS COMO FILOSOFÍA DE VIDA

Cuando hablo de "tríadas" me refiero a la conexión de tres elementos distintos, que unidos crean un significado. Estamos rodeados de tríadas. Como seres humanos somos cuerpo, mente y alma. Si nos paseamos por lo religioso se habla de un Padre, Hijo y el Espíritu Santo, y si nos adentramos más a fondo puedo nombrar en cuestión de materia, los estados sólido, líquido y gaseoso. En el tiempo: presente, pasado, futuro. En cuestión de pensamientos y sentimientos cuando hablamos del yo, está el Padre, el Adulto y el Niño, así como también vivimos en tres dimensiones del espacio: altura, anchura y profundidad.

Podría seguir escribiendo una lista larga de elementos conformados por tres cosas que unidas dan un significado al ser humano. Son como los fundamentos para la creación del hombre, el planeta y el universo (oye, de nuevo tres elementos, ¿no?). Son como los recursos necesarios para la creación de cualquier cosa y es allí donde me quiero centrar a través de este libro: en la importancia de las tríadas con respecto al amor y a las relaciones entre los seres humanos.

Parece que todo tiene fundamentos y todo tiene un porqué, una lógica, que en ocasiones se disipa cuando la mezcla de emociones opaca la claridad de los pensamientos.

Todos estamos inmersos en este universo, en este planeta y expuestos a los cambios que tiene la vida por naturaleza. Nadie está exento de estos cambios; el mejor ejemplo es nuestro crecimiento natural como seres humanos: nacemos, crecemos, nos reproducimos, maduramos (en algunos casos) y morimos.

Lo importante es cómo nosotros como seres pensantes, enfrentamos el cambio en nuestras vidas y cómo canalizamos nuestras emociones, berrinches, loqueras, debilidades o puntos ciegos que nosotros mismos no percibimos en ese crítico momento. Más tarde esas emociones no canalizadas se pueden convertir en resentimientos que pueden afectar nuestra capacidad emocional e impactar contundentemente nuestro entorno y a todas aquellas personas que son importantes para nosotros y que salen lastimadas y heridas en esa avalancha emocional.

Es por eso que debemos reconocer los berrinches que hacemos día a día y aprender a conducirlos sanamente por amor a nosotros mismos, ya que nuestras emociones también están relacionadas con las enfermedades de nuestro cuerpo. Este manifiesta o siente lo que nuestras emociones y boca callan.

Impactos emocionales de acuerdo a la Tabla de Holmes

Algo de la ciencia...

De acuerdo a un estudio realizado en la Universidad de Washington, el doctor Thomas Holmes anotó cuarenta y tres crisis y situaciones que tienen las mayores posibilidades de provocar en nosotros cambios de proceder o de conducta, y estableció una escala de valores que mide de forma aproximada el impacto de estos acontecimientos que logran cambiar el curso de la vida. Asignó cien unidades al más serio de estos acontecimientos, y a los demás distintas cifras, y los anotó en orden dependiendo de su grado de impacto sobre la gente. Más adelante subrayó que si una persona sufre más de doscientas unidades de impacto en un período de doce meses, la tensión que soporta le advierte la proximidad de un peligro. Ha entrado en la categoría de alto riesgo, y está propensa a un grave agotamiento físico y mental.

Lista de acontecimientos de la vida anotados por el doctor Holmes (aquí resalto los que yo viví en un mismo año).

ORDEN	ACONTECIMIENTO	UNIDADES DE IMPACTO
1	Muerte del cónyuge	100
2	Divorcio	73
3	Separación matrimonial	65
4	Encarcelamiento	63
5	Muerte de un familiar de primer grado	63
6	Enfermedad o heridas personales	53
7*	Matrimonio	50
8	Despido del empleo	47
9*	Reconciliación matrimonial	45
10	Jubilación	45
11	Cambio de salud en un miembro de la familia	44

12	Embarazo	40
13	Dificultades sexuales	39
14	Entrada de un nuevo miembro en la familia	39
15	Readaptación comercial	39
16	Cambio de condiciones financieras	38
17	Muerte de un amigo íntimo	37
18	Cambio a un diferente tipo de trabajo	36
19	Cambio en el número de discusiones con el cónyuge	35
20	Hipoteca superior a los 10.000 dólares	31
21	Juicio hipotecario por hipoteca o préstamo	30
22	Cambio de responsabilidad en el trabajo	29
23	Partida del hogar de un hijo o hija	29
24	Problemas con los parientes políticos	29

25*	Notorios logros personales	28
26	La esposa se inicia en un empleo o deja de trabajar	26
27	Comienzo o terminación de la escuela	26
28	Cambio en condiciones de vida	25
29	Revisión de hábitos personales	24
30	Problemas con el empleador o jefe	23
31	Cambio de horario o condiciones de trabajo	20
32	Cambios de residencia	20
33	Cambio de escuela	20
34	Cambios recreativos	19
35	Cambios en la actividad de la iglesia	19
36	Cambios en actividades sociales	18
37	Hipotecas, préstamos menores de	17

	10.000 dólares	
38	Cambios en los hábitos de dormir	16
39	Cambios en el número de reuniones familiares	15
40	Cambios en hábitos alimenticios	15
41*	Vacaciones	13
42*	Navidad	12
43	Violaciones menores de la ley	11

Se han marcado varios puntos de la lista con un (*) asterisco. Son sucesos de los que habitualmente se piensa que son altamente positivos: matrimonio, reconciliación matrimonial, notorios logros personales, vacaciones y Navidad.

Después de que tuve la oportunidad de encontrarme con la tabla de Holmes no esperé tanto tiempo para medir las unidades de impacto por las que pasé. Fueron *558 unidades* de *impacto* en menos de un año. Eso trajo en mí cambios y también conflictos, sin mencionar otras cosas que me ocurrieron que no salen en la tabla. Creo que Holmes se quedó corto con respecto a mi vida.

Recuerdo una vez que no pude sostener un objeto valioso en la casa de mi tía y se me cayó de las manos; ese mismo día me chocaron el auto de mi compadre recién comprado. Era ese tipo de racha en la que hasta pude estar a punto de estrellarme en un camellón en temporada de invierno. Todas esas eventualidades o situaciones me estresaron de tal forma que estuve cerca de una parálisis facial.

En ese año crítico algo estaba pasando dentro de mí, y me sentía que no era yo. Parecía una persona vulnerable a cualquier cosa. Cada situación me creaba emocionalmente más miedo que nunca. Físicamente también estaba afectado; yo estaba trabajando para una planta de ensamble de una marca de camionetas en Arlington, Texas, en donde la rapidez y la precisión era la principal habilidad que tenía que demostrar. Ponía en secuencia piezas para el ensamble de partes de los automóviles. En este trabajo debía hacer recorridos por toda la planta y cumplir con los tiempos establecidos, así que al final de la jornada terminaba físicamente agotado, pero nunca me rendí, todo lo que estaba pasando lo puse en manos de Dios. Mi mente giraba a mil por hora, tratando de reflexionar acerca de mi vida. ¿Qué estaba haciendo? Empezaba a vivir cada minuto y segundo de mi vida, agradecía cada día de trabajo.

Para ese entonces no tenía automóvil, usaba un carro prestado. Al inicio pedía a otros que me llevaran (un aventón al estilo mexicano). El salario no era como me lo había imaginado, ni los dólares como me los platicaron. No podía manejar bien mi economía con el tipo de moneda, no sabía cuánto podían rendir veinte dólares. Al principio todo lo convertía en pesos mexicanos, también porque tenía una deuda que pagar en esa moneda. Era como tener la sensación de que estás produciendo, pero a la vez no poder percibir el progreso pues cada centavo así como entraba salía de mis manos. Yo agradecía cada segundo, minuto y semana por cada cheque y trabajo. No había otra opción en ese momento. Dentro de ese panorama de acontecimientos se agregaron otros más, pues luego de separarme de mi primera esposa y establecer una nueva relación, mi nueva pareja salió embarazada sin que lo hubiéramos planificado, tal cual como ocurrió en mi primer matrimonio. Esto fue otro golpe a la cabeza, como una cubeta de agua fría, sin embargo agarré la vida por los cuernos, sin dinero, saliendo de una situación para estar metido en otra. Agradecí a Dios y puse en sus manos lo que me estaba ocurriendo.

Todo esto me llevó a sufrir algunas crisis. El enojo conmigo mismo se apoderó de mi mente y mis actos. Llegué a responsabilizar a mi esposa de lo ocurrido, y también me culpaba a mí mismo. Todo era una gran oleada de emociones. Mi intención original no era venir para Estados Unidos y embarcarme en la responsabilidad de tener una nueva familia de inmediato. Mis valores y mis planes eran otros, pues yo buscaba primero salir de la pobreza y de todas esa grandes deudas que tenía, sin embargo algo de diversión podría estar en mi camino, por qué no, no todo es trabajo. Pero uno propone y Dios dispone. Pasaron muchos acontecimientos hasta que me puse a investigar qué estaba pasando en mi vida. En dicha investigación me tropecé con la famosa tabla y de acuerdo a esta tabla yo pasaba por una crisis emocional.

Cambios

Como seres humanos sufrimos cambios naturales en nuestro ciclo de vida, y en el transcurso de los días vamos evolucionando de alguna manera como la metamorfosis de una mariposa, el proceso de renovación del águila, o las diferentes temporadas o estaciones del año que nos deja ver nuestra madre tierra.

Recuerdo a mis abuelos y a mis padres que decían que todo llega a su debido tiempo. Es verdad, todo llega en el momento oportuno a nuestras vidas, solo que vamos conociendo la paciencia cuando el apuro va lastimando a todos en el camino.

Cuando hablamos de cambios, estos pueden venir de cualquier parte, por ejemplo los cambios sociales. Me hace recordar cuando mis tíos me brindaron posada a mi llegada a los Estados Unidos, lo que aún sigo agradeciendo. Yo no los conocía mucho, todo era nuevo para mí, cómo se relacionaban las personas, cómo era el entorno, el idioma, algunos lugares, el clima, la moneda, los productos, marcas, la comida, nuevas calles, lugares diferentes, por Dios, yo ni tenía teléfono celular. Recuerdo que una vez me perdí y solo Dios sabe cómo llegué. Yo le agradezco a mi tío haberme ubicado en las principales calles, pero estuve perdido un buen rato solo siguiendo la corazonada.

Los cambios son muy intensos, llegan de sorpresa, son benevolentes y perdurables, según lo manifiesta el Dr. Wayne Dyer en la película "El Cambio" al referirse a las características de los saltos cuánticos. También menciona algo que despertó mi interés acerca del comportamiento de los hombres y las mujeres. Según un estudio realizado, hay un salto cuántico y cuando este se da existe un antes y un después. La diferencia entre ambos momentos está muy conectada a la sociedad, la cultura, la crianza del hombre y la mujer. Cuando ocurre el cambio o salto cuántico, que muchas veces llega a través de la madurez y el conocimiento, se transforman los valores anteriores por otros completamente distintos.

Según dicho estudio los valores o cualidades de los hombres antes de sufrir ese cambio están priorizados de la siguiente manera:

1) Riqueza
2) Aventura
3) Éxito
4) Ideal y placer
5) Ser respetado

Después del cambio:

1) Espiritualidad
2) Menos ansiedad y estrés
3) Familia
4) Voluntad de Dios
5) Honradez

Cuando observé la diferencia entre los valores anteriores y los nuevos fue cuando la mezcla de emociones se movió en mi cabeza. Fue el momento en que decidí que debía despojarme de ese lado oscuro que tenía para transformarlo en un lugar mejor. Eso me trajo conflictos internos conmigo mismo, pues me resistía a entender ese cambio y mi ego se apoderaba de mí diciendo que esos elementos anteriores eran lógicos, normales, racionales. Que el vivir solo en un mundo espiritual no acarrearía beneficios tangibles.

Una de las cosas que aprendí de esta lucha interna es que cuando te encuentras mal en un área de tu vida, se afectan directamente las demás áreas, creando un caos que va reciclándose poco a poco, hundiéndote cada vez más.

En el caso de las mujeres el estudio plantea que las cualidades o valores antes de un cambio o salto cuántico son las siguientes:

1) Familia
2) Independencia
3) Carrera
4) Encajar con la sociedad
5) Complacer a todos. Ser como el resto

Después del cambio:

1) Crecimiento personal
2) Autoestima
3) Espiritualidad
4) Felicidad
5) Perdón

Es aquí donde se ve reflejada claramente la diferencia entre el hombre y la mujer tanto en el antes como en el después. Podemos observar que el tema de familia para el hombre se encuentra en el después mientras que para la mujer es su primer elemento en el antes. Esta diferencia de valores pudiera ser la razón por la cual a las parejas jóvenes les es difícil encontrar el equilibrio y balance entre los objetivos propios y los de su pareja, para así poder establecer el camino a seguir donde juntos puedan transitar soportados por los valores que cada uno posee.

El determinar los valores en cada uno de nosotros en los distintos momentos de la vida no es tarea fácil. Lo importante es entender que estos valores cambian con el tiempo y que a pesar de que cada uno de nosotros tiene distintas prioridades, el conocerlos nos facilita el manejarlos y utilizarlos a nuestro favor.

En la mayoría de los casos las personas desconocen cuáles son los valores que poseen en determinados momentos y se sumergen en acalorados "berrinches" tratando de justificar una verdad o "tener la razón" cuando en realidad son simplemente distintos puntos de vistas en distintos momentos y valores.

A continuación te invito a realizar una lista de los valores que han sido programados en tu mente a través de los años. La mejor manera de realizar esta lista es que respondas a las siguientes preguntas:

Descubre tus Valores:

1.- Escribe las frases típicas que tus padres te decían en casa para establecer reglas.

_____
_____
_____
_____
_____

2.- Toma las palabras claves de las frases o los valores intrínsecos en cada frase.

_____
_____
_____
_____
_____

3.- Realiza una lista de esos valores y colócales una ponderación a cada uno del 1 al 5 siendo el uno el de más bajo impacto en tu vida y el cinco el de más impacto.

Valor	Impacto

Una vez culminada tu lista podrás entender qué valores tienes programados y cuáles son los que tienen más impacto en tu vida.

No quisiera terminar este punto sin recordarte la importancia de la filosofía de la tríadas, donde la materia es la misma y solo cambia de estado; las cualidades y valores que tenemos son los mismos como esencia solo que cambian en el tiempo para actuar en distintas circunstancias y situaciones.

NO ME QUEJO Y NO ME RINDO. Todo tiene un principio y un final.

Cuando cambié mi residencia a Estados Unidos venía por riqueza, o por lo menos salir de mi cuenta de banco en ceros. Buscaba también aventura, mi ideal o filosofía de vida y, por supuesto, placer, vivir mejor y ser respetado y no dar lástima por la amarga experiencia y vida que estaba llevando.

Mi búsqueda continua tanto emocional como mental me llevaba a investigar en libros, historias, películas, reflexiones, cursos. Todo lo que estaba a mi alrededor lo observaba desde la perspectiva de encontrar respuestas. Con el hallazgo de una filosofía de vida, deseaba darle sentido y dirección a lo que estaba viviendo, lo que me llevó a hacerme algunas preguntas:

- ¿Cuánto tiempo puedo vivir en automático, muerto en vida?
- ¿Vivo añorando una ilusión o fantasía de lo que yo quiero versus lo que yo tengo?
- ¿Cuánto tiempo dejo de percibir los colores, sabores y olores de la vida que son gratis?
- ¿Cuánto tiempo estoy dispuesto a vivir en este mundo o plano material?
- ¿En el aquí y el ahora se paga lo que se vive?

- ¿Cómo aprendo o desaprendo a olvidar, perdonar, liberar los sentimientos y emociones?

Sé que todo esto no es sencillo, pero tampoco imposible. Cuando te quieras liberar, solo debes parar unos segundos o minutos de tu vida y reflexionar si quieres seguir así o vivir en el dolor. Empiezas a aprender de la vida y a aceptar con amor lo maravilloso que es simplemente respirar y sentir con los cinco sentidos, porque la vida es ahora. Para, recibe, reflexiona, libera y hazlo otra vez. Cada día es una oportunidad.

Nadie escoge la familia o el lugar donde nace, simplemente nacemos y ese es el lugar perfecto para aprender y crecer, hacernos humanos, amar y aceptar lo que somos y de dónde venimos. De igual manera una esposa, un amigo, Dios te manda lo que necesitas. En ti está decidir si lo aceptas o lo rechazas. El amor no se destruye, simplemente cambia de estado, es como la materia, dependiendo de las condiciones puede transformarse, pero siempre será el amor como esencia divina, como energía universal que es para siempre, y nunca desaparece si estás consciente de que esa energía vive en tu corazón. El principal propósito de esta vida es el amor. Tú decides si deseas vivir enamorado de lo que haces, dices, y eres o simplemente te la pasarás disculpándote y añorando ser alguien que no eres, y desperdiciando esa maravillosa energía sin disfrutar de cada instante que respiras, de cada mañana que despiertas, de cada sorbo de agua que tomas, de cada aroma que conecta tus recuerdos, del frío o calor que tu piel siente, de saber que eres un ser humano con la posibilidad de reír y de llorar, que puedes sentir y que puedes amar sin límites, pues esos límites los colocas tú mismo desde tu mente.

Descubriendo las emociones

A medida que vamos autodescubriendo quiénes somos y dónde estamos es cuando empezamos a entender lo que sentimos. Tú puedes lograr desarrollar esa capacidad de saber qué sientes; simplemente debes ejercitar tu mente para estar pendiente de ti mismo en cuanto a cómo te sientes y cómo reaccionas ante cada situación de tu vida. El convertirte en vigilante de ti mismo, en vez de ser vigilante de los otros, es como pasar un interruptor en tu mente, haciéndote más consciente de tus actos y minimizando el drama de la crítica de los actos de los demás. Todos sabemos que no vivimos aislados y que interactuamos con las personas de nuestro entorno. Está comprobado que los individuos ante cualquier estimulo o situación reaccionan de forma inmediata en la búsqueda del responsable de lo ocurrido y dicha búsqueda mayormente la realiza afuera de sí mismo, intentando responsabilizar a otros sin incluir la participación activa de ellos mismos en dicho evento.

El volvernos más sensibles nos permite captar e interpretar nuestras emociones, y no nos hace mas débiles, al contrario, nos convierte en personas más capaces de entender a otros, así como a nosotros mismos. Cuando estamos cargados de emociones nuestra mente en ocasiones se bloquea y no permite generar reacciones razonables, sino que produce reacciones emocionales que son poco controlables y que en muchas oportunidades lamentamos.

El mundo de las emociones es maravilloso, nos permite degustar un delicioso manjar, con sus sabores, colores y olores, pero también nos permite probar el sabor amargo de una medicina cuyo olor, sabor y color no son muy agradables.

A través del tiempo hemos sido muy influenciados por las creencias y las religiones.

No importa cuál haya sido tu religión de nacimiento, siempre hay unas reglas o dogmas que seguir a la hora de pertenecer a algún credo o ideología. Esta influencia ha condicionado mucho nuestras emociones, y te los voy a explicar con un simple ejercicio.

En la siguiente tabla describe las emociones que se te vienen a la mente con referencia a la palabra que se encuentra en la columna izquierda. Puede que sea una o varias emociones, escríbelas.

Palabra Clave	Emociones
Lujuria	
Pereza	
Gula	
Ira	
Envidia	
Avaricia	
Soberbia	

Una vez que has descrito las emociones, analiza cómo estas están conectadas con las creencias religiosas, pues estas palabras claves son tomadas de los sietes pecados capitales famosos que han sido promovidos a través del tiempo. Observa cómo en la mayoría de las emociones puede haber reacciones negativas y de rechazo, así como que la misma emoción se repita en distintas casillas. Se confirma el hecho de que al catalogar un estado como bueno o como malo, cargándolo de prohibición y negativismo, se minimiza la capacidad de aceptación y amor.

Por ejemplo, el hecho de sentir lujuria debe ser prohibido; la percepción de la lujuria o hasta el mismo hecho de tener deseos sexuales es tomada como adicción sexual. Yo me pregunto ¿si el ser humano no tiene deseos sexuales cómo puede reproducirse y mantener la especie humana? Es allí donde entran las contradicciones y las emociones juegan un papel muy importante.

CAPÍTULO II

LA TRÍADA DEL SER HUMANO

CAPÍTULO II

LA TRÍADA DEL SER HUMANO

Bajo los lentes de la ciencia hay muchas investigaciones realizadas para intentar entender la complejidad del ser humano, y dentro de esa búsqueda se ha determinado que este atraviesa tres etapas en la vida: la infancia, la juventud y la madurez. Existen procesos netamente naturales que no podemos cambiar, quizás se modifiquen un poco, pero en esencia determinan claramente *lo que somos y hacia dónde vamos.*

Estos tres momentos de nuestra existencia en el tiempo nos hacen tener distintas formas de pensar, actuar y sentir. En ocasiones se nos olvida en cuál estación estamos y nos comportamos como si estuviéramos en la estación o momento equivocado.

Esa desconexión de dónde estoy y quién soy nos revela la falta de consciencia de los momentos vividos y por vivir. El ser humano requiere de tiempo y conocimiento para entender dicho proceso, y adicionalmente posee algunos instintos que le permiten actuar de manera natural según su edad.

Yo recuerdo que cuando tenía quince años las emociones que sentía cuando estaba comenzando una relación amorosa eran muy distintas a las de ahora en mi estado de madurez, y eso no quiere decir que ya no siento lo mismo, que no hay mariposas en mi estómago, sino que cambia la emoción. Quizás sean abejas en mi estómago, ya que el amor y la emoción en ambos casos están presentes, solo que el estado de mi mente, cuerpo y alma es distinto.

Como experto en mercadeo, me enseñaron el ciclo del producto, la introducción, crecimiento, madurez y declive o repunte. Muy parecido al ciclo del amor. Como seres humanos nacemos, crecemos, nos convertimos en adultos jóvenes, nos reproducimos, "probablemente maduramos" y luego llega la indiscutible muerte. Saber cuál etapa estoy viviendo actualmente me acerca a conocerme a mí mismo. Me propuse escribir este libro porque quise plasmar en el papel el constante autoanálisis que llevaba siempre en mi mente. Me di cuenta de cuáles cosas que cargaba en el morral de mi vida eran cosas de mi niñez y otras de mi juventud. En algunos momentos reconocía otras cosas que no me pertenecían y decidí clasificarlas, haciendo un acto de perdón a mí mismo, liberándome de todo aquello que me estaba haciendo daño, soltando todo eso al fondo del mar. Probablemente muchos de nosotros sabemos que cargamos con esa mochila llena de elementos que dañan nuestro cuerpo, pero lo postergamos porque no hay tiempo de detenernos en nuestras vidas y vaciar todo aquello que nos limita para caminar y no nos permite ser más libres. Esto me recuerda cuando Rose en la película Titanic dejó caer el diamante de corazón al mar, tal vez para olvidar o dejar algo que no le pertenecía y así evitar cargar con ese peso toda su vida y vivir muchos más años libre de ese tipo de ataduras.

LA INFANCIA

Nacemos puros emocionalmente, nacemos con una carga genética fresca para ser programada, nacemos plenos con todas las aptitudes y actitudes para sobrevivir en el mundo, flexibles como una planta; sin embargo, las vivencias, costumbres, creencias, familia, religiones, cultura y sociedad en las que vamos creciendo, nos van modificando.

La infancia se ha catalogado como la etapa más importante de nuestras vidas en la cual se forman nuestros cimientos. Es el momento clave en donde todo está fresco, limpio, y pulcro para comenzar a dar las pinceladas que determinarán la obra de arte final. Es la base donde ponemos los pies para empezar nuestro camino como seres humanos.

Esta etapa es tan crucial, que muchos han determinado que comienza en el vientre materno, cuando las voces de la madre y de las personas del entorno son reconocidas por el bebé; cuando las emociones que nuestra madre vive son captadas directamente por nosotros; cuando se perciben los estímulos desde el sonido, la temperatura, hasta las deliciosas golosinas que la madre se come para animarnos a nuestros exámenes prenatales.

Si observas bien estamos siendo estimulados y afectados por el entorno antes de nacer, y luego de nacidos continuamos percibiendo el ambiente que nos rodea. Yo me maravillo cuando veo a los ojos a estos nuevos bebés de ahora, con una consciencia clara; en su mayoría te miran directamente a los ojos expresando mucho más de lo que su cuerpo, boca y manitas pueden decir.

En esa etapa aprendemos acerca del modo de vida de nuestros padres, hermanos, abuelos y de personas que influyen o están a nuestro alrededor; vamos aprendiendo desde la observación, la imitación y la repetición. No es necesario decir muchas instrucciones, el niño observa y copia cada gesto, cada acción y cada actitud y emoción. Los niños son capaces de sentir más rápido un ambiente o área hostil, simplemente surge un rechazo espontáneo acompañado por el llanto cuando percibe que ese ambiente no le agrada. Esa sensibilidad la van perdiendo con el tiempo a través del bombardeo de información que van recibiendo en el camino.

Desde aquí empiezan las cadenas de eventos que nos impiden o ayudan a crecer como seres humanos plenos. Vamos creciendo con la semilla que fuimos formados; se quedan tanto las mejores como las malas vivencias de nuestra existencia bien grabadas en nuestra mente y en nuestros corazones. Luego, sin darnos cuenta de lo que hemos adquirido en esta etapa, dichos patrones se van repitiendo como un comportamiento inconsciente y espontáneo.

Generalmente, el padre se encuentra trabajando y preocupado por el sustento de la familia y quien influye en la educación o formación de manera directa es la madre. Ella es la que comparte mucho más tiempo cerca de nosotros. Desde que somos concebidos la escuchamos, nos alimenta y nos transmite cada sentimiento desde sus entrañas.

Los niños cada día reciben dosis de información que viene de todas partes, pero una de las más importantes es la que recibe en el seno familiar, de sus padres y familiares. Esa información queda grabada en esta etapa y muchas veces no es interpretada, el niño simplemente mantiene esa información en su mente sin reconocerla y cuando pasa a las siguientes fases de la juventud y la madurez, se disparan esos programas de manera inesperada y sin aparente razón alguna, haciendo estragos emocionales, sin que en ese momento podamos recordar el porqué y el origen de dicho programa.

Se dice que los niños no tienen prejuicio alguno; son transparentes, sinceros, puros e inocentes. Para ellos la vida no es nada complicada, ellos pueden amar al prójimo sin importar condición alguna; se relacionan, se comunican, no clasifican a nadie por su cultura, raza o color, mucho menos por su religión o creencias. Ellos no tienen la ansiedad del mañana o la tristeza del ayer, viven el aquí y el ahora, por eso se entregan a ser tan felices con solo ponerse a jugar con una pieza de color que cuelga en su cuna.

Podemos aprender mucho de los niños, pues son grandes maestros de la alegría, el amor y la verdad. Tres características importantes que perdemos en el camino, tras los procesos de la juventud y más aun cuando somos maduros y la prisa por alcanzar los pocos momentos que nos quedan, no nos dejan encontrar y sentir el verdadero amor que hay en cada cosa, descubrir la verdad detrás de las manipulaciones y vivir ese amor profundo que regocija cada célula de nuestro cuerpo.

Cuando niños dábamos caricias sin esperar nada a cambio. Recuerdo cuando me quedaba dormido en el regazo de mi mamá, cuando tocaba su cabello todo despeinado tratando de arreglárselo y ahora después de adulto cómo cuesta volver a esa conexión. El hecho de tocar y acariciar lo vamos perdiendo, y en muchos casos lo relacionamos simplemente con el acto sexual, donde las caricias y los abrazos simplemente son un símbolo de deseo. Cuando niños ni siquiera pensábamos tener relaciones sexuales para sentirnos amados, sabíamos que éramos amados profundamente.

Ahora me pregunto por qué hemos perdido tan preciado regalo, por qué buscamos el amor en el simple deseo sexual. Muchos hombres tenemos el deseo carnal a flor de piel y ese instinto nos nubla la mente ante una conexión más profunda donde el amor sea íntegro, donde se realice un acto que una el cuerpo, la mente y el alma en una sola expresión.

Redescubre ese niño amoroso que vive dentro de ti, recuerda esos momentos de infancia cuando extrañabas llegar a casa, ese primer día de colegio en el que tuviste que separarte de tu mamá, y nota cómo ahora, ya de grande, te asfixian las conversaciones con tu madre. Esa misma asfixia la vas sintiendo con tu esposa o esposo, con tus hijos, hermanos. Busca dentro de ti ese amor puro de niño que no limita, no clasifica, no controla, no condiciona. Llena de ese amor a quienes te rodean, y cuando sientas que salen las emociones de berrinches o pataletas, averigua los motivos que te hacen sentir así y simplemente busca entender que solo debes tomar de ese niño en ti el amor natural, pues las rabietas las puedes entender, interpretar y canalizar.

Disfruta y concientiza el ser joven de cuerpo, adulto de mente y niño de espíritu, salta, ríe, canta y vive bajo esta filosofía de vida.

Cuando hablo de cuerpo, mente y alma, cada uno juega un rol importante y uno no puede estar sin el otro, pero es la mente la que puede lograr conectar tu cuerpo con tu alma, y es allí donde el adulto es responsable de hacer que esta tríada funcione en armonía.

LA JUVENTUD

Según las Naciones Unidas la juventud está comprendida entre los diez y los veinticuatro años, incluyendo allí la adolescencia. Todos sabemos que la etapa de la adolescencia es la más difícil, y esto se debe a que el joven está en un proceso de crecimiento acelerado en el cual su cuerpo cambia, tanto química como físicamente, y deja de ser niño para pasar a ser joven o adulto. Esa transición es compleja ya que el ser humano siente que es tratado como un niño en ciertas ocasiones, su cuerpo comienza a desarrollarse rápidamente, pero no posee la madurez de un adulto. De allí surgen procesos emocionales interesantes que van a repercutir en la fase de la juventud.

En esta etapa se comienza a observar nuestra personalidad y el carácter que adquirimos en nuestro entorno, en donde esa mezcla de elementos se une bajo una realidad implacable de un ser humano en desarrollo que sigue buscando el amor, pero que ahora tiene la libertad de escoger, seleccionar, puede buscar sus amigos, tiene la libertad de elegir que no tenía cuando era niño.

Esta etapa parece ser la de ensayo y error. No importa nada, solo nuestros instintos, amar a prueba y equivocación; seguir los deseos que probablemente en nuestra infancia fueron reprimidos; probar sin miedo a equivocarse; sumergirse en esa mezcla de cambios hormonales, junto a un ego superdesarrollado que no reconoce los errores. Probablemente aún no tenemos la suficiente conciencia para discernir entre lo que nos conviene o no, existe una lucha interna de querer tener la razón, y juzgar al mundo por lo que nos ocurra; vivimos de lo que aprendimos en la infancia bajo una fuerte influencia de la televisión, de los medios de comunicación, de los social media, la moda, y más aun nos refugiamos en los amigos quienes pueden llegar a tener un fuerte poder de influir en nuestras decisiones y actos.

La juventud viene acompañada de altos y bajos, cargada de emociones de cualquier tipo, en donde lo que puede importarme hoy, ya mañana ni siquiera puedo recordarlo, y los valores que hemos recibido en la infancia nos preparan a establecer nuestras prioridades.

En algunos casos el dinero se vuelve una prioridad importante en la vida de los jóvenes. La carga emocional asociada a los miedos y preocupaciones se resuelve en función del dinero, tener las mejores ropas, manejar el mejor carro, tener a un novio(a), ser el más popular, sentirse el más guapa(o) del grupo, estar conectados con muchos socialmente, tener el mejor trabajo, verse bien para encajar en la sociedad, ser un aventurero en el mundo.

Probablemente si cometemos algún error, aún tenemos a nuestros padres para darnos su soporte. Esta condición nos hace en algunos casos más arriesgados lo cual puede ser favorable, pero el extremo de la línea se pasa cuando al asumir ese riesgo se pierde el valor de la responsabilidad. Es como el joven que quiere tener su automóvil propio y se compromete con un crédito para obtenerlo; toma un riesgo que es importante, sabiendo que si acaso algún mes no tiene completo el dinero para pagar la cuota, puede acudir a la ayuda familiar para completar dicho pago, perdiendo allí la responsabilidad que tomó al adquirir el crédito.

La belleza, el carro, el dinero, las actividades sociales son la prioridad para encajar en la sociedad, y nuestro ego se afianza en nuestra personalidad dándonos poder y razón para enfrentarnos al mundo o ir en contra de él.

Es en esta etapa intermedia de la vida cuando muchas relaciones nacen y mueren, y el amor a nosotros mismos o nuestra pareja se queda en un vacío por sentimientos frustrados de la niñez o problemas del día a día. Y ese vacío pretendemos llenarlo con sexo, dinero, compras compulsivas, aventura, drogas, alcohol, comida en exceso, y hasta controlar a nuestra pareja o depender de ella.

Al llegar a este punto de control y dependencia es cuando sientes que vives con una venda en los ojos que no te deja ver quién eres, que no te permite ubicarte en tu propia realidad, y mucho menos saber hacia dónde vas.

Los matrimonios en la juventud pueden quitarnos la visibilidad de la esencia del matrimonio en sí y de nosotros mismos, pues nuestra percepción en ese momento está en un proceso intermedio que no ha terminado de gestarse y las fundaciones de la madurez todavía ni siquiera están en proyecto y el ego y las emociones nos dominan, robando la inspiración del amor profundo que puede haber en una relación. Es entonces cuando tenemos en nuestra mente una definición de "relación" o de "matrimonio" no muy clara y mucho menos interpretada. En algunos casos buscamos tener hijos para llenar ese vacío de amor que ha dejado un matrimonio mal definido. Y como consecuencia esos hijos adquieren las mismas emociones y sentimientos que los padres tienen, creando una cadena interminable de relaciones mal definidas.

Para dar un salto en esta etapa y convertirnos en seres maduros o crear una relación con madurez, se requiere del apoyo de consejeros matrimoniales, profesionales de salud mental, mentores, a fin de hacernos conscientes de los problemas que tenemos como individuos y poder crear confianza y sinceridad con nosotros mismos. Lo ideal sería encontrar la alineación, el equilibrio o armonía individual sin perder de vista la responsabilidad como pareja; es buscar el entendimiento como ser humano único con la capacidad de compartir y vivir en pareja, además de buscar no afectar a terceras personas. Pues el amor, como la energía, no se destruye, se modifica, cambia de estado o de dimensión, puede que se disipe, pero bajo una visión de consciencia se puede encontrar de nuevo.

LA MADUREZ

> La madurez del hombre es haber
>
> vuelto a encontrar la seriedad
>
> con la que jugaba cuando era niño.
>
> Federico Nietzsche

La madurez puede tener muchas definiciones. Desde el enfoque físico, describiendo un cuerpo biológicamente desarrollado, donde cada órgano está en pleno funcionamiento; o desde el enfoque mental con la capacidad de tener un juicio sensato para la toma de decisiones, y una madurez emocional para la cual los psicólogos no han podido establecer una edad específica, pero que ha sido medida a través de la conducta, los actos y la demostración de actitudes que se alejan de reacciones infantiles o juveniles. El ser humano es tan complejo que puede tener reacciones infantiles en la juventud y la madurez, actitud que es difícil de manejar por la sociedad.

En la etapa de madurez las relaciones tienen otro color y sabor, yo le llamo arcoíris ya que fue el pacto que hizo Dios por amor a la humanidad. Cuando hablo de pacto quiero referirme a compromiso, y es el compromiso propio con nuestros valores, es el compromiso por la entrega de un amor transparente, sin mentiras, un amor puro. Es el estado ideal que todo ser humano debiera alcanzar y por supuesto aquí entra perfectamente el amor en las parejas. Si cada uno de nosotros, tanto hombres como mujeres, cumpliera este pacto, las relaciones fluirían en armonía y la aceptación entre nosotros mismos permitiría que cada quien mostrara su auténtico ser. Todas las máscaras o disfraces que utilizamos para complacer a los demás se acabarían, y mostraríamos al mundo quiénes somos realmente sin esperar aprobación de los demás, pues cuando existe compromiso propio y se tiene clara la misión de auténtico amor, no hay miedo alguno.

Muchas personas creen que para encajar en la sociedad actual hay que reinventarse disfraces de lo que no somos, y esto ocurre por miedo. Creemos que la única forma de sobrevivir al duro ritmo de la sociedad es insertarse en ella con un patrón común, en donde los trajes acartonados del ego te muestran un camino artificial, lleno de símbolos para demostrar quién eres. Esos símbolos pueden ser un lujoso automóvil, una costosa casa, amigos con poder, y para poder entrar allí debes parecerte a ese entorno.

Con todo esto no quiero decir que tener un automóvil lujoso o una mansión sea malo, no, al contrario, apoyo y aplaudo a aquellos que lo han logrado. El asunto está en entender que esa no es la razón de ser o la misión que vinimos a cumplir aquí en el planeta. Nuestra misión es mucho más grande, más importante y cuando la descubrimos esos regalos de lujos llegan solos como premios bien ganados bajo un esquema de vida sana. Sin perder el quién eres y conociendo hacia dónde vas.

La madurez como etapa de nuestras vidas debiera ser la meta a la que todos como seres humanos debiéramos llegar, ese debe ser el sitio en donde con dicha y gozo disfrutaremos de la capacidad de saborear cada color, cada olor, cada fragmento del tiempo y del espacio. Cuando se llega allí, los miedos disminuyen, así como las ansiedades, pues las emociones están más fortalecidas y es entonces cuando logramos ese maravilloso encuentro con nosotros mismos.

Hay muchas personas que a edades muy adultas hacen cambios radicales en sus vidas. Es posible que cambien de profesión, de país, hasta de familia. Pero esos cambios les permiten caminar por rumbos que antes no se atrevían y a los que la madurez llegó para abrir la puerta a esas nuevas oportunidades. En muchos casos hasta demuestran mucho mejor ese potencial que vivía oculto en la mente y el corazón, por miedo al cambio.

Cuando llegan esos momentos de cambio, un caudal de éxitos y felicidad tocan a tu puerta y entran en tu vida. Solo debes estar consciente y calmar el agitado mundo de las emociones que no te permite escuchar lo que tu alma quiere comunicarte.

He escuchado que la palabra inmaduro se usa para describir a una persona que actúa de manera "infantil". Es importante aclarar que el sacar de vez en cuando ese niño que llevamos dentro no significa que somos inmaduros, son dos cosas muy distintas. Es importante conectarse con ese niño juguetón que se ríe de cosas sencillas, imitando algunos eventos tontos, o simplemente correteando con otros niños en un entorno natural sin control, sin prejuicios. Yo quisiera encontrarme con el niño que llevo dentro, regresar el tiempo y verme en mis primeros seis años de vida para reconocerme sano y pleno.

El conectarnos con ese niño nos permite encontrar respuestas, suavizar la mente y calmar el alma. Nos permite sentir las diferentes fases de la vida y valorar cada una con sus altos y bajos. Pero cuando actuamos como niños en situaciones de crisis, en momentos críticos, es cuando demostramos que somos inmaduros; cuando no asumimos las responsabilidades que nos pertenecen, cuando buscamos los culpables afuera en vez de entender que somos parte del problema.

En esta etapa de la madurez es cuando realmente uno empieza a responsabilizarse de uno mismo, y deja de culpar o juzgar a los demás; es cuando conectas la mente, las emociones y el espíritu. Es cuando el respeto por los semejantes es tácito, el amor al prójimo surge de forma natural, el ego canaliza sus energías para hacernos más conscientes y empezamos a sentir el entusiasmo y la pasión por cada cosa que realizamos. Nos volvemos más sensibles, serenos, por qué no decirlo, hasta más astutos a la hora de relacionarnos. Es esa mirada calmada e interesante que hace brillar los ojos del sabio, que ni el niño ni el joven identifican.

Las relaciones de pareja en personas adultas muchas veces son catalogadas de aburridas, pues se tiene la falsa idea de que ya la chispa de la juventud se ha perdido. Y al contrario, cuando dos seres maduros se aman, la capacidad de integrarse, la templanza y fortaleza que cada uno posee genera, no una chispa, yo diría un volcán de pasiones, pues muchos miedos han desaparecido, muchas contradicciones, dependencias, controles, falta de aceptación ya no están, brindando un campo abierto y sano en donde disfrutar de ese amor pleno, armonioso, profundo.

Cuando observo esas parejas maduras que sentadas en un restaurante tienen el don de conversar durante toda la velada, en donde se cruzan caricias, carcajadas, gestos de comodidad, de relax, donde ambos se sienten en casa y a la vez siente que tienen algo nuevo que contar, donde el disfrute transita por todos los sentidos, confirmo que cuando te transformas en un ser humano real, tienes la capacidad de conectarte contigo mismo y en consecuencia conectarte con tu pareja profundamente.

CAPÍTULO III

DEFINIR EL AMOR BAJO LA TRÍADA DE NUESTROS ANCESTROS GRIEGOS

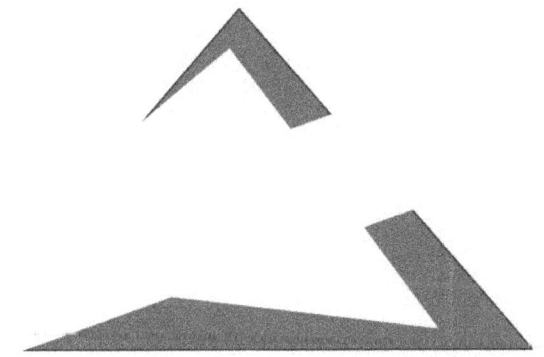

CAPÍTULO III

DEFINIR EL AMOR BAJO LA TRÍADA DE NUESTROS ANCESTROS GRIEGOS

Cuando se habla de definir palabras, qué más acertado que ir a las raíces de nuestros ancestros griegos en la búsqueda del conocimiento con los más antiguos filósofos de la historia. Siempre he sido persona de cuestionar, preguntarme, buscar la raíz de las situaciones.

Al seguir buscando la dirección de mi vida me hice una pregunta que podría parecer simple, pero que no fue fácil de responder: ¿Qué es el Amor? Para ello hice muchas investigaciones, le pedí a varias personas que describieran qué es el amor. Muchos me dijeron que es un sentimiento, actitud; otros no sabían cómo responder, simplemente sonreían y pensaban que estaba bromeando; algunos evadían la pregunta; en ocasiones me topé con personas que me indicaban que no creían en el amor, que era ficción, algo creado por los medios para manipular y vender productos. Dentro de tanta información me dijeron que Dios es amor y que somos seres de amor. Fue allí cuando me detuve un buen rato y me pregunté: ¿Por qué si somos seres de amor se nos hace tan difícil amarnos?

Otra pregunta que me hacía constantemente era: ¿Quién soy yo? ¿Cuál es mi propósito en esta vida? Recuerdo mucho las palabras de mi madre cuando decía: "Todo lo que hagas hazlo con amor y pasión", pero no me explicó cómo hacerlo. Era como algo obvio, yo debía saber hacer las cosas con amor, pero no recuerdo haber tenido una clase en el colegio relacionada con el amor, ni mucho menos una charla en la casa donde mis padres me explicaran la diferencia de hacer la tarea con mucho, poco o nada de amor. Yo era supuestamente un ser de amor a quien no le explicaron su esencia.

Uno de los mandamientos dice: "Amarás a tu prójimo como a ti mismo", "Amarás a Dios sobre todas las cosas", o sea puro amor, pero cómo lo hago. No había un instructivo o manual que explicara los pasos a seguir para amarte a ti mismo y mucho menos a tu prójimo. No conseguí una lista de acciones que me permitieran ejercitar mi mente y mi corazón para que amaran. Así como en el hogar nos enseñan la disciplina de limpiar nuestro cuarto, ayudar en la casa, llegar puntualmente al colegio, etc., ese tipo de cosas que creaban hábitos de disciplina en mi vida, yo quería que de la misma forma se crearan actividades que desarrollaran el hábito de amar.

Continuaba con mi búsqueda incansable de determinar qué es el amor, y entre las cosas que pude descubrir es que estando herido de amor era imposible poder entenderlo si no sanaba primero mis heridas. Es como la persona que ha sido mordida por un perro y que teniendo las heridas frescas y dolorosas la invitas a entender la naturaleza del perro; lo primero que va a sentir será miedo, rabia, repulsión pues ha sido agredido por el perro y lo único que quiere es estar alejado de él. En ese momento entendí que debía sanar mis heridas antes de enfrentarme al amor, pues con las heridas frescas podría tenerle miedo, rabia y hasta repulsión.

En ese instante entendí que *amar es aceptarse y aceptar lo que te rodea, y cuando tu corazón acepta y entiende profundamente es entonces cuando encuentras la serenidad y la paz en tu corazón.*

Inmerso en otro entorno, otro país, otras creencias, diferentes culturas con diversos estilos de vida y con una variedad de religiones, inicié mis investigaciones acerca de las religiones, el porqué de tantas denominaciones. Reflexionando y platicando con mi esposa, ella me dijo: "_La religión es la relación y comunicación con Dios_". Sus palabras al instante me sonaron muy sabias, pero a la vez surgía otra interrogante: ¿Cuándo me habla Dios? Además lo que yo entendía por comunicación era el hecho de dos o más interlocutores que intercambian información y lo hacen por un medio, sea por teléfono, texto o email. Yo me preguntaba: ¿Cuál es el medio? ¿Cómo sé si me está escuchando? ¿Cómo me puede contestar Dios? Allí entre la búsqueda del significado del amor y ahora la comunicación con Dios me estaba volviendo loco, pero la pasión por seguir investigando y descubriendo afinaba más mis sentidos y podía percibir que iba por el camino correcto.

Entonces comencé a hacer aseveraciones tales como: si dicen que Dios es amor, y Dios es nuestros padre; si estamos hechos a su imagen y semejanza, quiere decir que nuestro ADN tiene moléculas relacionadas con el amor y por consecuencia tengo moléculas de Dios dentro de mi ser. En ese momento entendí la existencia de Dios en mi vida.

Con esta reflexión comprendí también que si poseemos moléculas de Dios, y esas moléculas estaban cargadas de información que venía de él, era el momento de comportarme de acuerdo con la información que de él provenía, tales como el perdón, la liberación, y el amor puro y eternos, entre tantas otras cosas. Después de reconocerme, aceptarme a mí mismo como soy, perdonarme, liberarme de lo que no soy, podría comenzar a sentir mi proceso de sanación.

Qué maravilloso fue sentir sanada la piel sin cicatrices. Era ese renacer bajo la perspectiva de una nueva realidad. Allí fue cuando me dije que valía la pena tantas autopreguntas, tanto cuestionamiento, pues me estaban llevando al conocimiento y a la vez me hacía sentir mucho mejor, más feliz, más realizado, y todo por comenzar a buscar la definición del amor.

En los antiguos filósofos que dieron los primeros pasos para definir e interpretar el amor, nuestros padres griegos, descubrí mi tríada del amor: Eros, Filia y Ágape. Tres maneras distintas de expresar el amor que me darían más fundamentos para mi apasionada investigación.

AMOR EROS

Eros, de acuerdo a la filosofía griega y al libro de Walter Riso, "Ama y no sufras", es deseo sexual, posesión, enamoramiento, amor pasional. Lo más importante es el YO que anhela, que apetece, que desea, que exige. La otra persona, el TÚ, no alcanza a ser sujeto. Es la faceta egoísta y libidinosa del amor: "Te quiero poseer", "Quiero que seas mía", "Te quiero para mí". Eros es conflictivo y dual por naturaleza, nos eleva al cielo y nos baja al infierno en un instante. Es el amor que duele y altera, el que se relaciona con la locura y la incapacidad de controlarse. Pero no podemos prescindir del eros pues es el deseo, es la energía vital de cualquier relación, ya sea como sexo puro o como erotismo. Es la energía que permite conectar los dos cuerpos en una experiencia única. El eros bien llevado no solo evoluciona hacia el *"amor filia"* de pareja (amistad con deseo), sino que también transforma la energía de dos egoístas apasionados que se encuentran para construir un amor de entrega total, donde el disfrute se profundiza y la integración se consolida. Cuando Platón habla del amor sostiene que el ser humano busca saber cómo puede ser amado, pero difícilmente busca aprender cómo amar. De allí que continué aun más mi búsqueda de aprender a amar antes de ser amado.

Un amor apasionado como el de Romeo y Julieta, no pudo llegar a una relación *filia* por la diferencia social, costumbres o creencias. La prohibición genera más pasión por ir quizás contra el mundo, pero el miedo de saber que esa relación no puede ser formal y abierta limita al *amor filia* y no puede consolidarse.

Desde mi punto de vista *es el deseo de vivir lo que mueve al mundo*. Tal vez haya mucha filosofía con estas mismas palabras, es el pan de cada día de los psicólogos y psiquiatras porque el eros también puede volverse un problema o enfermedad patológica si existen pautas emocionales o deseos enfermizos que si no se conducen con bases equilibradas, nos puede llevar al sufrimiento y a la muerte.

El deseo de la vida es lo que mueve al mundo. El deseo de adquirir o poseer algo, nuestras mismas necesidades humanas, nos llevan a la búsqueda de comodidad, satisfacción. Por ejemplo, cuando compras un carro, tienes ese deseo de posesión, ese gusto que te mueve a adquirirlo. En el momento en que lo consigues satisfaces ese deseo, pero cuando pasan los dos primeros años, comienza a disminuir esa emoción. Más tarde ocurre que el automóvil se descompone y necesitas pagar una cantidad de dinero, disminuye el aprecio porque hay que pagar una cantidad que no estaba prevista, además de que el mes siguiente se tienen que pagar la renovación de las placas y la inspección o verificación y otro pago de impuestos. Es allí cuando se va acabando la luna de miel con tu carro nuevo.

Eros es la fuerza que enciende el deseo de amor por la vida, en donde sin medir tiempo ni espacio cruza los obstáculos que se le presentan. Arriesga todo por ese deseo y pasión, es ese fuego que arde en nuestro corazón y calienta nuestro cuerpo para tomar acción quizás bloqueando un poco la comunicación con la mente, pues la locura lo acompaña para evitar controles, para evitar cuestionamientos.

Desde mi punto de vista el amor eros es como el ego y desde esta perspectiva única será difícil ver a nuestra alma gemela. Sin embargo, en cualquier relación se necesita un poco y mucho de eros, <u>pues el deseo entre cuerpos, la belleza física y el romance buscan un equilibrio entre lo alquímico y lo tóxico, esos químicos naturales del cuerpo humano que han permitido</u>

<u>conectar a muchos seres en esencia y espíritu.</u>

Eros equilibrado vibra con el universo porque es parte fundamental para conectarnos con la energía de la vida, dándonos la chispa inicial de donde empieza la existencia y motorizando cada deseo para alcanzar nuestros sueños.

Entrando al tema de parejas hazte la siguiente pregunta: ¿Deseas a tu pareja? Eros también es caracterizado como deseo sexual y se le conoce como libido, es parte natural de nuestras necesidades como seres humanos. Abraham Maslow en su pirámide de necesidades determinó que el sexo es una de las primeras necesidades fisiológicas del ser humano, tanto como el comer y el dormir. Entonces por qué tantos conflictos y problemas con este tema si tanto hombres como mujeres necesitamos de sexo y caricias.

Imagínense que a alguien en un momento de su vida se le impida dormir debido a la religión o sus creencias. Siendo el sueño otra necesidad fisiológica del cuerpo humano, ¿qué pasaría con esa persona?, se enfermaría y moriría en corto el tiempo. El deseo sexual funciona de la misma forma, y es posible que mueras en un tiempo más largo, pero con un trayecto muy triste, sin esa energía y fuerza que activa tener todas tus necesidades básicas cubiertas.

AMOR FILIA

Cuando hablamos del *amor filia* se refiere a ese amor de amistad, en nuestro caso "amistad de pareja", o la amistad marital. La filia trasciende el YO, para integrar al otro como sujeto: TÚ y YO. En el amor filia la benevolencia no es total porque la amistad todavía es una forma de quererse a sí mismo a través de los amigos. La emoción central no es el placer como deseo acaparador, sino la alegría de compartir con otros: el intercambio, pasarla bien, estar tranquilos. En las relaciones, mientras el eros en el tiempo muere y resucita, la filia se profundiza con los años...claro, si todo va bien. Pero de ninguna manera Filia excluye a Eros: lo serena, lo ubica en un contexto menos rapaz, pero no lo aniquila. En los casos de las personas que logran equilibrar estos dos amores, "Eros y Filia", pueden establecer una relación en donde la filia actúa como eje coordinador que compromete, que unifica, que quiere; y el eros les entrega esa pasión y deseos que los conecta físicamente. Aquí podemos representar a Eros como el cuerpo y a Filia como las emociones.

El amor filia es compartir creencias, es ese intercambio de ideas y conceptos, es cuando te conectas con la otra persona a través de tu cuadro psicológico de la niñez, compartiendo tus ideales, sueños, costumbres, actividades. Tal vez los puntos de vista no sean los mismos y eso le da más sabor a la relación que puedas establecer con tu interlocutor, pues hasta los mejores amigos tienen gustos y deseos distintos, pero existen otras áreas que los conectan por su similitud.

Hoy en día las relaciones de pareja así como las relaciones de amistad se hacen más difíciles por la falta de tiempo y los quehaceres del día a día, más aun cuando hay una cantidad de niños que cuidar, el quehacer del hogar y el trabajo. Cuando la convivencia marital no entra en las actividades del quehacer diario, la filia comienza a padecer.

Conversando con mi amiga Danielle me comentaba que ella cuidaba a sus tres sobrinos todos los jueves por la tarde para ayudar a fortalecer la relación de su hermana y su cuñado. Decía que necesitaban tiempo para ellos dos. Me pareció excelente idea; a veces entramos en la rutina del trabajo, casa y problemas del día a día y no nos damos el tiempo para convivir en pareja, como amigos, una buena charla, compartir tiempo en el cine, y por qué no, una cena romántica con algo de erotismo. Se necesita tiempo para encender y mantener esa llama del eros, el cariño y la fraternidad de la filia.

AMOR ÁGAPE

Ágape es el amor más elevado. Es más que una amistad. Es más que un deseo carnal. Es la entrega pura sin ningún rastro de egoísmo. No es el YO erótico que no se detiene a pensar, pues el deseo lo controla todo e inutiliza cualquier análisis y consideración, arrasa con todo; ni tampoco es el amor amistoso de compañeros de clase. Es el amor de entrega, sublime, un amor que siente, vive y es sano. Es la dimensión más perfecta del verdadero amor. En donde la aceptación y la compasión forman parte del lenguaje y la conexión entre las dos personas.

En mis reflexiones, luego de entender y encontrar que cada uno de estos amores no puede funcionar solo, y que algunas parejas que conozco han tratado de sobrevivir con solo dos de los tres amores, es cuando confirmo que las relaciones no se hacen para sufrir, se hacen para encontrarse y poder crecer en cada una de estas tres áreas.

Podemos tener alteraciones del "eros" cuando se pierde el interés y deseo por nuestra pareja, o quizás el aburrimiento y la falta de alegría cuando estamos juntos hace que la "filia" salga de nuestras vidas, pero cuando el querer tiene limites, está fragmentado, solo funciona en algunas situaciones y en otras no, es que el ágape no ha llegado a nuestras vidas.

Algunas personas intentan resignarse a un amor inconcluso. En algunos casos, tarde o temprano, el déficit termina por alterar la relación y la tranquilidad personal. En otros casos viven toda su vida en la farsa de un amor a medias. ¿Amor de pareja sin deseo?: la infidelidad es la que reina. ¿Convivir con el enemigo?: tóxico e insostenible. ¿Despreocuparse por el bienestar de la persona amada?: demasiado cruel.

Pero no solo el amor incompleto puede quebrar una relación de pareja, sino que además envuelve a los demás individuos de la familia.

Desde otra perspectiva, no puedes estar donde no quieres, no lograrás hacer las cosas bien cuando lo que haces no te gusta o no lo deseas. Hacer las cosas por obligación para complacer a otra persona o por recibir una retribución no garantiza una relación sana. Cuando reine el respeto tanto a ti mismo como a los demás, así como la aceptación de lo que no puedes cambiar, la paz que necesita tu alma te hará conectarte con tu alma gemela.

Ahora te pregunto: ¿Realmente conoces cuáles son tus deseos y los de tu pareja? ¿Compartes tu tiempo para hacerlos realidad y buscan el apoyo juntos como dos grandes amigos de vida? ¿Has conversado con tu pareja para conocer cómo fue su niñez y su juventud? ¿Conoces a sus padres? ¿Compartes, entiendes y aceptas algunas ideas y deseos que pueden no ser como los tuyos? ¿Conoces a tu pareja lo suficiente como individuo, su personalidad y esencia? ¿Ambos conocen realmente sus sentimientos y se los comunican de una manera sana, con respeto?

Responder estas interrogantes te permitirá reflexionar sobre cómo están los tres amores en tu relación. No te des por vencido si alguno de los tres amores no está bien. Puedes establecer un plan de acción para recuperarlo, rehacerlo, redefinirlo. Solo debes tener la disposición de querer sanar tu vida y sanar tu relación.

Una de las tantas definiciones del amor es la aceptación, primero por uno mismo y luego la aceptación de otros.

CAPÍTULO IV
DEFINICIÓN DEL AMOR BAJO EL PSICOANÁLISIS

CAPÍTULO IV

DEFINICIÓN DEL AMOR BAJO EL PSICOANÁLISIS

Después de haber pasado por la filosofía griega me quiero adentrar en la psicología, en donde también quiero desarrollar la tríada psicológica en la personalidad, una de las principales protagonistas de la gran obra llamada "amor".

Dentro de la teoría del psicoanálisis se habla de tres elementos que son llamados: Id o Ello, Ego o Yo, y Superego o Superyó. Es así como Freud, uno de los más grandes representantes de la psicología, especialmente del psicoanálisis, indica que cada una de estas partes cumplen una función primordial en la personalidad del individuo.

El Id (Ello) es de carácter primitivo, innato, está formado por disposiciones congénitas y todo aquello que es o ha sido reprimido por el individuo a lo largo de su vida. Es esa parte relacionada con los deseos y necesidades básicas como la alimentación, el sexo, así como también representa dos grandes instintos: Eros y Thanatos, el instinto de vida o libido y el de muerte o destrucción. Es el instinto de vida lo que dirige la existencia del hombre y lo protege contra el de destrucción. Constituye el subconsciente, lo que para Freud es lo primordial para determinar la personalidad.

El Ego (Yo) se entiende como la parte más interna del individuo, en un plano de adaptación por medio de los sentidos, las representaciones verbales, la razón y la protección. Está formado por la experiencia consciente y lo preconsciente, por lo cual no entrega al hombre sino una representación engañosa de sí mismo, así como lo que percibe de los demás, de la humanidad y del mundo. El psicoanálisis pretende encontrar la verdadera imagen del hombre dando predominancia al subconsciente. El Yo funciona como mediador entre el Ello y el Superyó. Su manera de comunicar y conciliar me ha permitido representarlo como Filia.

El Superego (Superyó) es la parte del aprendizaje social y moral en donde operan los valores aprendidos. En él se observan dos elementos que hacen el balance en el comportamiento; por una parte está la conciencia moral que nos indica el cómo mostrarnos y comportarnos ante la sociedad y nuestro entorno; por otro lado actúa el "yo ideal" que es ese concepto que tenemos de nosotros mismos bajo las conductas aprobadas y reforzadas con la justificaciones y recompensas propias. Para continuar con las representación de la tríadas filosóficas, al Superyó podríamos identificarlo con el Ágape de nuestro análisis griego.

LA FAMILIA Y NUESTRAS CREENCIAS

ID (NIÑO), EGO (MADRE), Y SUPER EGO (PADRE)

En esta parte de mi estudio quiero establecer el vínculo inseparable de la familia y cómo este se ve reflejado en la tríada psicológica como parte de la cotidianidad y de los programas que manejamos en nuestra mente, producto del vivir en la sociedad de hoy.

NIÑO

La tríada psicológica también se refleja en el desarrollo de la familia. Nacemos plenos y dotados para la supervivencia. Los dos instintos: el deseo de vida y el de destrucción o muerte son los que dominan en parte la razón por la cual hemos venido a este mundo, la cual es cumplir nuestro deseo de sentir que nuestra alma vive a través de nuestro cuerpo junto con las emociones y los pensamientos, y que todo tiene su proceso, y ese mismo cuerpo al final muere. Sin embargo, algunas veces confundimos estos dos elementos agregándoles emociones y razones que probablemente complican más a la mente y en consecuencia a nuestra alma. Como seres humanos nacemos con cierta información ya grabada en nuestros genes, y parte de esa información es la del ciclo normal de la vida. Esa dicotomía entre el vivir y el morir donde el vivir se entiende como el gozo y la alegría, y el morir como la tristeza y el dolor, la trasladamos al amor, y vemos en muchas ocasiones las creencias de que el amor duele, el que sufre va al cielo, así como muchas otras frases que han programado nuestras vidas. El niño que nace con un formato en blanco y moldeable comienza a ser modelado a través del Ego (Madre) y el Superego (Padre). Ese Id-Niño es consecuencia del sistema o sociedad, consecuencia del mundo en que vivimos, consecuencia de nuestros antepasados, es consecuencia de la consecuencia. En muchos casos no llegamos a saber cuándo se creo y mucho menos cómo va a terminar.

MADRE

Después tenemos al Ego (Madre) observando el rol de la familia. Quién no recuerda cuando la mamá decía: *No puedes salir a jugar porque está lloviendo; vístete de una manera formal para que te veas bien; no llores; no dejes tus cosas regadas; no, no, no.* Llega el momento en el que nuestra madre nos llega a escoger la ropa, decirnos cómo debemos vestirnos, cómo debemos actuar, hay algunas madres tan controladoras y sobreprotectoras que hasta deciden lo que el niño debe comer, cómo debe caminar, cómo hablar, etc. Pero lo importante aquí es entender el rol de la madre, el cual por naturaleza e instinto es de protección, así como es el instinto animal cuando resguarda a su camada de manera celosa y agresiva para cuidar y proteger la vida de sus críos; de esa misma forma las mujeres tienen un código genético que de manera natural entra en acción cuando le toca ser madre. De allí la famosa frase del poeta Andrés Eloy Blanco que dice que cuando tienes un hijo tienes todos los hijos del mundo, pues al tener un hijo las mujeres desarrollan más ese instinto de protección y lo aplican a cualquier niño y bajo los esquemas que ellas mismas aprendieron en su ambiente familiar.

De esa manera comienza la programación emocional, mental, física y espiritual conduciendo a ese Id (niño) a crear un ser con sus éxitos y fracasos. Hay frases tan lapidarias y comunes que impactan al subconsciente, tales como: *no pises el suelo con los pies descalzos porque te enfermas*; *no te mojes porque te resfrías*, y al procesar esos programas en nuestra mente de niños, casi nos enfermamos de inmediato si tocamos el agua. En otros casos se busca controlar al niño a través del miedo, por ejemplo, utilizando amenazas para que haga las tareas. De esa forma el niño va reprimiendo tanto sus deseos por la vida, como su creatividad. Así también se va reflejando en nuestras relaciones de parejas cuando tienes un novio o novia, y esa sensación de protección materna aparece de nuevo diciendo: "creo que ella o él no es para ti", "tú te mereces algo mejor". De esta manera el instinto Eros no crece de manera sana, y el que se va alimentando y desarrollando es Thanatos, así la represión de las emociones se transforma en frustraciones y empezamos a dejar de vivir una relación sana para tener relaciones de fracaso, dolor y frustración. Es preciso liberarse de todas aquellas ataduras o creencias, y actuar conscientemente, porque yo soy el responsable de mi SER y ahora sé a dónde quiero ir. Debo entender que mi madre y mi Ego, ayudaron a mi crecimiento y protección como humano, pero ahora yo tengo la consciencia y responsabilidad de mi vida y mi felicidad.

PADRE

La relación del Superego con el padre es el aprendizaje social y los valores aprendidos. Proviene de la conciencia en donde la censura, la represión y la sublimación se encuentran y luchan entre los remordimientos y los sentimientos de culpabilidad. Puede interpretarse como el padre que siente la responsabilidad y culpa cuando las cosas del hogar no funcionan. Es aquí donde la imagen de padre o la figura masculina (paterna) está muy envuelta en nuestra mente y en nuestro crecimiento en el hogar. Así sea un hogar no funcional en donde esa figura está ausente, siempre hay alguien que toma ese rol. La misma madre en ocasiones desempeña ese personaje y comienza a generar programas tales como el manejo de la moral y las buenas costumbres. Quién no recuerda cuando su padre le decía: "¡Hey, mija, vaya a ponerse una falda más larga!".

El aspecto del Superego y el padre me hace recordar las típicas frases dentro del hogar cuando las madres ya no podían manejar una situación y sentían que se salían de su control y de inmediato aplicaban la técnica del: "Se lo voy a decir a tu papá para que te reprenda". Ese era el manejo de la segunda instancia que con una frase amenazante le daba al niño la opción de actuar o retar al segundo nivel. (Todo depende también de cómo se manejaban los controles dentro del hogar, pues existen casos que funcionan al contrario entre el padre y la madre en donde los roles del Ego y Superego son representados de manera distintas). Lo interesante aquí es analizar el origen del programa, el origen del mensaje que viene desde una parte de la mente del ser humano y que es clasificable, interpretable y, por qué no, transformable.

Me he dedicado a clasificar y a diseñar tríadas de los aspectos relacionados con el amor porque en el mundo complejo de este sentimiento el hecho de hacer clasificaciones y referencias así como conexiones nos permite entender mejor y asimilar esa complejidad que en ocasiones nos limita el sentir y el vivir.

Respuesta a esas creencias

Podría decir que el amor es irracional, como el narcisismo donde el amor se enfoca solo en el deleite de sí mismo sin la capacidad de poder amar a otros. Cuando me refiero a irracional es por la cantidad de emociones encontradas que en muchas ocasiones hace perder el poder de la lógica y la razón en la acción.

Esa frase en donde el amante le dice a su amada "te quiero poseer, quiero que seas solo mía", si hay resistencia en algunos casos emociona y motiva más, pero en otros casos puede desquiciar y enloquecer. Es allí donde la irracionalidad convierte a la emoción de amar en locura. Así mismo ocurre en un acto masoquista cuando se ama a lo que no puedo o no debo o simplemente no quiere ser amado.

En el mundo de las emociones no hay una receta mágica que podamos seguir al pie de la letra para conducir nuestros sentimientos por un camino seguro. Yo recuerdo que en una oportunidad viví una escena de emociones encontradas en la cual rompí un celular, lo destruí a botellazos, por supuesto consecuencia de la ingesta de alcohol. Las emociones revueltas explotaron de manera irracional. Una vez que comprendí lo ridículo que fui, fue cuando me dediqué a realizar más ejercicio físico, yoga, lectura, reflexiones, meditación y a tranquilizar esa insensatez que dominaba mis reacciones.

Tengo amigas y amigos que han vivido atados a relaciones con personas casadas o comprometidas con otros, en donde la sensación de *tener y no tener* realmente a alguien a su lado, les crea una especie de adicción tóxica, viviendo las mentiras, engaños, desprecios del ser a quien aman, pero sin la capacidad de poder detener esa droga que les brinda momentos felices y momentos tristes.

En el mundo de las relaciones y lazos de amor hay muchos patrones que han afectado a la sociedad con la creación de apegos y adicciones. En los casos, en que se da la ausencia de alguno de los padres o hasta ambos, puede ser que los niños tomen caminos no muy sanos, simplemente en la búsqueda del amor. Con esto no quiero decir que solo por la falta de los padres puede ocurrir, pues también hay casos en donde las dos figuras existen, pero transmiten a sus hijos sus creencias erróneas sobre el amor y las relaciones. Esta es una cadena que podemos romper, solo en el momento en que concientizamos quiénes somos. Yo me he comprometido a cortar mis cadenas y hacer que mis hijos sean libres de esos patrones que enferman las relaciones de amor.

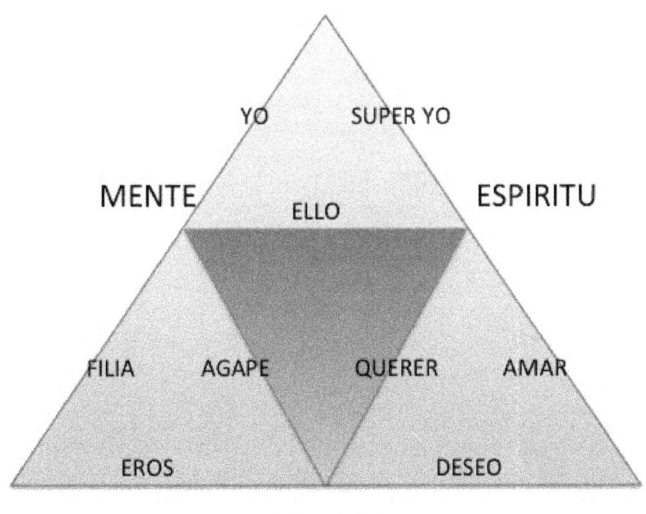

CAPÍTULO V

LAS TRÍADAS DEL TIEMPO

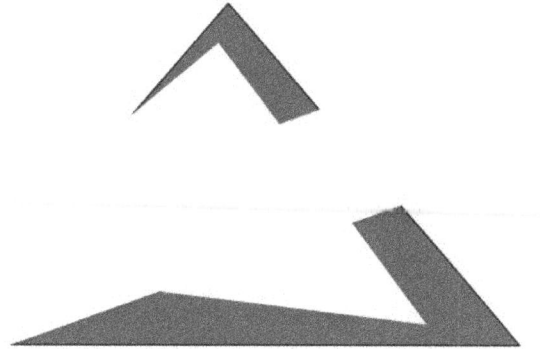

CAPÍTULO V

LAS TRÍADAS DEL TIEMPO

En la mente del ser humano la existencia del tiempo es fundamental. El hombre necesita la referencia del tiempo y tiene la percepción del mismo como una línea que comienza en el pasado y termina en el futuro. Bajo esa percepción y creencia le es difícil encontrar el presente, pues los pensamientos saltan de un lado a otro y solo durante pocos instantes se estaciona a saborear el tan maravilloso "ahora".

El PASADO

Algunas personas se siente cómodas viviendo en el pasado. Se les puede reconocer fácilmente por su lenguaje. Repiten las historias de ayer, del mes pasado, de hace diez o quince años atrás, recapitulando y justificando cada cosa del hoy. Son esas personas que nunca pueden olvidar una traición o un problema del pasado y que en cualquier mínima situación del hoy que se le asemeja colocan el tema sobre la mesa tan fresco como ocurrió hace muchos años.

El pasado para muchos es un lugar de aprendizaje; es el lugar donde se almacenó lo que se nos enseñó y donde se debe desechar lo que nos hirió. Pero no todos tenemos esa capacidad de poder clasificar y limpiar nuestros pensamientos del ahora y tomar lo mejor del pasado, pues nuestra carga emocional, mental y espiritual complementa esa novela que se ve reflejada en nuestro día a día.

Es posible que el pasado nos ayude de cierta manera a tener el conocimiento de lo vivido y utilizarlo como referencia para las acciones del hoy, pero con el cuidado de no generalizar, enjuiciar, acusar, y sobre todo no disparar responsabilidades por todas partes por algo que ya pasó. Es mejor entenderlo y tomar acción hoy.

Cuando comprendemos esto, el perdón nos acompaña como el bálsamo que acaricia nuestra alma, sana nuestro cuerpo y fortalece nuestras emociones.

EL PRESENTE

El momento presente es efímero, cada instante que pienso o siento algo es un presente que se convierte en pasado rápidamente. Puedo desarrollar la consciencia de establecer mis pensamientos, mis sentimientos, mis emociones y acciones en el aquí y en ahora para encontrar una permanencia en ese ahora que me permita concientizar quién soy realmente.

Muchos escritores han hablado del tiempo y del amor y para los amantes los recuerdos del pasado les hacen sentir nostalgia y los pensamientos del futuro hacen que sientan ansiedad, pero en el verdadero presente los amantes disfrutan cada instante con la consciencia de que es único, irrepetible e invaluable.

Vivir en el presente no es tarea fácil, pero tampoco imposible. Cuando sentimos el amor que fluye desde nuestros pensamientos y pasa por nuestro cuerpo encontrándose con nuestra alma, es el preciso instante en el que no hay oportunidad para el pasado con sus recuerdos, ni para el futuro con sus ansiedades y angustias.

FUTURO

El ansiado futuro, lleno de incertidumbre, de planes, lleno de supuestos en donde nuestra menta juega y pinta cada escenario con luces, colores, música, y nos invita a visualizar y a imaginar cada escena. Es muy sano visualizarnos bien, tener ese momento en donde creamos pensamientos de armonía, prosperidad, unión, amor, salud. En donde cargados de pensamientos positivos tomamos las acciones del presente hacia ese rumbo.

Es importante aquí diferenciar el fantasear con el visualizar. Pues la fantasía como su nombre lo dice está cargada de irrealidades, por las cuales podemos salir volando de un lado al otro sin avión, simplemente flotando en arcoíris de colores y ver pequeños ponis rosados que cabalgan en las nubes. Eso es fantasía, pero cuando hablo de visualizar es cuando revisamos los recursos que tenemos y necesitamos, y con ellos realizamos un plan con objetivos, metas, fechas, responsables. Eso es realmente visualizar.

El futuro planeado no genera angustia ni ansiedad, y nos brinda la tranquilidad que necesitamos para vivir el presente.

PERSONALIDAD Y ESENCIA

El conocernos puede convertirse en un largo camino porque vamos cambiando y aprendiendo de acuerdo a nuestra experiencia de vida. En el momento en que logramos comprendernos llegaremos a liberar y perdonar y en consecuencia no estaremos atados a nada, no estaremos sufriendo heridas del pasado, ni tendremos miedo al futuro. Alcanzaremos nuestra madurez de acuerdo a nuestra experiencias y filosofía de vida, esencia humana, creencias y personalidad.

La personalidad es reflejo de quién eres. Cuando transitaste por los capítulos anteriores y te fuiste encontrando con los ancestros griegos y el psicoanálisis entendiste que en tu niño-joven-adulto es donde puedes ver quién realmente eres. Somos esos comportamientos aprendidos que hemos adquirido a lo largo de nuestras vidas y que al repetirlos una y otra vez se han convertido en hábitos.

Cuando me veo yo, Roy, observo que mis creencias y mis miedos, así como esos recuerdos que invaden mi pensamiento constantemente describen quién soy. Igual cuando hablo y trato de defenderme justificando mi punto de vista y protegiéndome para no ser lastimado, usando excusas, señalando a otros, y colocando escudos que me protejan del enemigo que supuestamente está fuera de mí, pero que realmente vive conmigo.

LA PERSONALIDAD Y EL TIEMPO

Como dice el dicho "cada cabeza es un mundo" y es así. Mi búsqueda por comprender al ser humano y su relación con el amor me ha conducido a caminos complejos. Coloco en mi mesa de trabajo varios ingredientes para realizar una receta grandiosa que sea apetitosa para muchos, pero entiendo que en el mundo de los gustos y sabores no hay receta única. Aun así me he permitido hacer un mapa en mi mente en donde indico cómo cada elemento analizado tiene su función e impacto sobre el hombre y el amor.

En este mundo global donde las fronteras entre países, culturas y sociedad cada día van desapareciendo, he podido observar al ser humano de estos tiempos. Cuando hablo de estos tiempos me refiero a esta generación. Las generaciones han sido marcadas de acuerdo a su comportamiento y hasta les han colocado nombres: la conocida "Baby Boomers" que incluye los nacidos entre 1946 al 1964; la generación "X", nacidos entre 1965 al 1980; la generación "Y" entre 1981 al 2000, y los nacidos después del 2001 llamados generación "Z".

La mayoría de nosotros venimos de padres que nacieron bajo la generación "Baby Boomer" en la cual el divorcio estaba comenzando a ser aceptado como una realidad tolerable, pero poco usada y en la que nuestras madres sufrían calladamente dentro del matrimonio para mantener la estabilidad de la familia y brindar una "supuesta" buena formación de pareja a los hijos. Una generación en la que tanto los padres y las madres enseñaron a sus hijos a superarse en el aspecto profesional y de manera inconsciente les enviaron el mensaje de que es más importante la superación que el amor, pues venían de una generación de represión y revolución al mismo tiempo y trasladaron esa información a los hijos, que somos muchos de nosotros ahora adultos.

Recuerdo a una amiga muy exitosa en los negocios que no podía tener buenas relaciones de pareja. Ella me contaba que su mamá soñaba con haber ido a la universidad y tener una profesión exitosa, así como ser económicamente independiente. Los mensajes que la mamá le transmitía a mi amiga eran algo como: "Estudia y progresa, que no venga ningún hombre a dominar y frustrar tu vida". Con esa simple frase mi amiga sacó muchos títulos universitarios y ocupó puestos importantes de negocios, lo cual no estuvo mal, pero yo me pregunto: ¿Qué tiene que ver el éxito profesional con la relación de pareja? Tal vez sería mejor una frase como: "Estudia y progresa para que disfrutes de un hogar armónico con tu pareja y familia".

Esto solo es parte de lo que las generaciones anteriores nos han dejado y que nosotros cargamos a cuestas sin saberlo. Venimos arrastrando información convertida en acción a través del tiempo, con la que se distorsionan los valores generando interpretaciones que afectan nuestra capacidad de conectarnos y relacionarnos con otros.

En el caso de la igualdad tenemos que la mujer en tiempos pasados, por ejemplo, no podía ejercer el derecho al voto, no era respetada su opinión para la elección del mandatario de su país. Hoy en día tenemos países gobernados por mujeres. Desde mi punto de vista la igualdad de la mujer ha sido un progreso importante para la sociedad, pero aún existen muchos hombres que no están preparados para manejar ese progreso. Yo me asombro en mi trabajo en Texas cuando en el almacén observo a una mujer conduciendo un montacargas, o manejando un tráiler. Eso es igualdad de oportunidades para hacer y ser lo que quieras ejercer.

Claro está que la esencia de la mujer desde el punto de vista humano es engendrar y criar a sus hijos, y aunque sigue siendo esencial para ellas la familia y el amor incondicional para los hijos, esto no debe minimizar su capacidad de ejecutar otras labores distintas.

En esta búsqueda de igualdad es posible que se hayan perdido algunos fundamentos o quizás hayan sido malinterpretados, asumiéndose en algún momento que la mujer dejaría su rol para realizar otro, o que desplazaría al hombre del suyo. Recuerdo una novela llamada "Amazonas" en donde una isla era dominada solo por mujeres y los hombres eran esclavos de ellas.

A veces parece que eso es realmente lo que queremos, una venganza, ser iguales o mejores unos que otros. Debemos entender que somos complementarios, que unidos podemos hacer más que separados, que tenemos energías distintas que al tocarse generan sinergia. Comprender que no es una batalla de unos contra los otros, hombre contra mujeres, y que cuando deseen batallar que sea en la cama, para encontrar esa conexión y dos cuerpos perfectamente creados puedan hacer la fiesta para que las almas bailen.

CAPÍTULO VI
LAS SEPARACIONES Y LOS DIVORCIOS

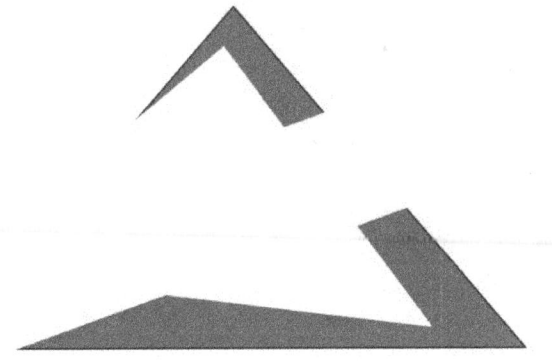

CAPÍTULO VI

LAS SEPARACIONES Y LOS DIVORCIOS

Después de haber transitado por las diferentes tríadas y analizar la cantidad de argumentos que nos describen como seres humanos en los distintos ámbitos, psicológico, filosófico y social, es cuando ya podemos ver que hay mucha carencia de amor tanto para nosotros mismos, como para nuestro prójimo. Esto sumado a otras variables va afectando notablemente la posibilidad de crear y mantener relaciones sanas. Hoy en día se denuncian muchos casos de abuso y violencia familiar, en los que puede haber agresión tanto física como psicológica, generando daños profundos que nos limitan e impiden creer en el amor, el mismo que al comienzo de la relación fue prometido para la eternidad, incluso frente a un altar y hasta que la muerte los separe.

Un divorcio o una separación no soluciona los problemas emocionales que podamos tener. Estoy convencido de que si no manejas tu problema dentro de la relación será difícil establecer una nueva relación mejor. Siempre recomiendo a mis amigos que piden mi opinión o ayuda a la hora de una separación o divorcio, que deben asistir a un orientador, terapista o coach, con su pareja para sanar, entender y aprender realmente cuál es el problema antes de tomar una decisión. Puede ser que la decisión sea continuar o tal vez sea el divorcio, pero esa determinación debe realizarse una vez que has sanado. Nunca tomes decisiones bajo las presiones emocionales, pues es posible que te lamentes más tarde.

Nuestra interpretación acerca del amor y las relaciones varía de acuerdo a la fase de nuestra vida en la que nos encontremos. En nuestra infancia el amor incondicional que compartimos con nuestra madre o padre, lo interpretamos por la cantidad de caricias, regalos y temores (protección) que recibimos de nuestros progenitores o personas que influyeron en esa fase.

Es posible que al crecer, con la falta o exceso de estos aspectos se distorsione la interpretación del amor y pueda crear en nosotros hasta resentimientos hacia nuestros padres.

De allí pueden surgir trastornos emocionales que luego arrastramos hasta nuestra madurez, y es reflejada directamente en el matrimonio o nuestras relaciones personales. Culpamos a nuestro cónyuge, pareja o a las demás personas por nuestra falta de amor, autoengañándonos, en la seguridad de que somos victimas de todos esos elementos externos y haciéndolos responsables de nuestra infelicidad.

El hecho de que tú o yo hayamos nacido en un hogar con problemas, en donde posiblemente hubo una infancia traumática, una juventud de abusos, o cualquiera que sea el caso, no es razón para continuar enfocado en el problema. Debes dirigir tu mirada hacia la solución, moverte de tu estancada posición de víctima y sentarte en la silla del triunfador, entender que tuviste que vivir eso para aprender, para fortalecerte, y debes agradecer, pues debido a ello eres el ser que eres ahora.

Una de las medicinas más efectivas para remediar el dolor del pasado es el amor. Esta es una energía maravillosa, la cual tiene sus estados, tales como los de Eros, Filia y Ágape, con sus conexiones del desear, querer y amar, pero sigue siendo amor. El punto importante aquí es descubrir que cuando tienes amor muy dentro de ti, esa energía es la que te mantiene vivo cada día, es la que te da esa sonrisa que no puedes contener cuando recuerdas un momento hermoso en tu vida. Anda, conecta tus pensamientos. Te invito en este momento a que busques uno de los mejores momentos de tu vida, sea cuando tuviste tu primer beso de amor, cuando nació tu hijo o hija, cuando te enteraste de la noticia de que habías conseguido ese empleo que tanto deseabas, o cuando jugabas con tu mejor amigo del colegio. Vamos, conecta tu pensamiento a ese momento y dime si no es agradable. Un suspiro, una sonrisa pudo haber salido de tus labios, y simplemente fue un ejercicio. Si tenemos la posibilidad de recrear en nuestra mente esos momentos de amor y alegría, ¿por qué vives rumiando en tu cabeza pensamientos de tristeza?, ¿por qué vives recordando engaños, penas, culpas?, ¿crees que pensando más en las cosas que te preocupan eres más responsable?, ¿crees que siendo infeliz puedes lograr más cosas? Cuidado con tus pensamientos.

<u>Es natural que los matrimonios o parejas tengan dificultades para convivir, pero la mejor forma de aprender es hacerlo. No evadas la</u>

experiencia de crecer juntos, es el mejor entrenamiento para encontrar el amor.

Tu propio reflejo

"Al fin y al cabo, el miedo de la mujer a la violencia del hombre, es el espejo del miedo del hombre a la mujer sin miedo"

Eduardo Galeano

Llega un momento en la relación del matrimonio en el que nos vemos reflejados en nuestra pareja, en donde el punto más álgido para ti puede ser el mismo que el de tu pareja. Es ese tema de conversación que cuando es tocado ambos egos se revuelcan para no atacarse mutuamente; pero es allí donde realmente nos estamos encontrando, es allí donde lo que más me molesta de mi pareja es tal vez lo que más me molesta de mí mismo. Al final somos uno solo, pues aquello que algún día nos atrajo es posible que sea lo que hoy rechazamos. Hay una frase que dice: "si te choca, te checa".

Nuestros pensamientos son el termómetro de nuestras emociones. Al expresarlos podemos afectar notablemente nuestra relación. Por eso es importante primero escuchar tu corazón, y sentir lo que vas a decir, antes de soltar frases que no vas a poder recoger y que posiblemente lamentarás toda tu vida. Debes conocerte bien tú y luego buscar conectarte con tu pareja fuera de las caparazones de protección que nos colocamos. De esa forma podrás reconocer lo que es bueno para ti y para tu prójimo, usando el amor, la compasión y el perdón como fuente de conexión.

Recuperar la confianza

Muchos se preguntarán, ¿cómo puedo volver a confiar cuando hubo mentiras, engaños, manipulaciones? Cuando una persona miente, engaña o manipula es cuando en su corazón existen muchos miedos. Los miedos son la fuente de grandes caos. Muchos manipulan por miedo a enfrentar una realidad, así como aquellos que mienten, pues quizá la única forma que encuentran de enfrentar su temor es a través del engaño.

Cuando un corazón está libre de miedo es incapaz de mentir.

Si fui objeto de engaño por parte de mi pareja, debo entender a qué le temía mi pareja, cuál es el miedo que está reinando en sus emociones, y tal vez en mis propias emociones, que no nos está permitiendo ser libres.

En el momento en que pueda entender cuál es la causa de los miedos y las mentiras, será cuando nuestra capacidad de amor y perdón llegue a ser el interruptor para establecer de nuevo la confianza en la relación.

El vivir dentro de una relación de confianza nos permite respirar un aire de paz, de armonía que es muy sano para nuestra alma y emociones. La falta de amor hacia nosotros mismos es consecuencia de la falta de amor para nuestro prójimo.

Causas del divorcio

Según algunos estudios se dice que hay tres causas fundamentales por las cuales las personas se separan o divorcian, y son dinero, sexo y miedos. Cuando hablamos de miedos puede ser una gama de opciones muy amplia. Todo esto viene relacionado a la información que nos presentan por todas partes, sea en el hogar, en la sociedad, en los medios de comunicación. Vemos películas o novelas en las que el símbolo para determinar si una persona es la adecuada para mí está centrado en el dinero, posesiones, el sexo como símbolo de poder, y todo el drama que hay detrás de los temores, y las parejas creen que eso representa el amor.

Cuando no sabemos cuáles son nuestros valores como seres humanos es posible que consideremos que lo que vemos en las novelas, por ejemplo, el carro lujoso, y la buena ropa, sea lo único que considera la mujer para elegir a un hombre. Bajo esos disfraces de atracción comienzan relaciones en un mundo vacío, lleno de apariencias. Allí comienza el drama y poco a poco esa ilusión color rosa del inicio de la relación se convierte en una terrible pesadilla, de la cual algunos no saben salir, pues lo que comenzó con engaños puede terminar de la misma manera.

Cuando no hay valores fundamentados en la relación y creemos que únicamente con la maravillosa química del sexo se puede vivir, la cotidianidad puede ser el componente alcalino que neutralice esa química y nos encontremos viviendo con un completo extraño/a, o quizás viviendo con un amigo/a con quien compartimos casa, pero no cama.

CONCLUSIÓN

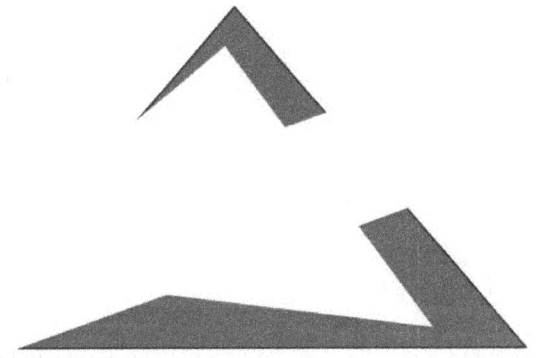

Conclusión

Luego de navegar con ustedes entre las tríadas del amor, puedo sentir que respondí algunas de mis propias dudas, pero de igual forma nacieron nuevas preguntas que mantienen mi mente y corazón en esa constante búsqueda en donde cada experiencia que vivo me ayuda a comprender el complejo mundo de las relaciones.

Un dilema que siempre viene a mi mente es el de que muchos de nosotros podríamos haber vivido o estar viviendo la experiencia de decidir si tratar de continuar con nuestra actual relación o salir corriendo a buscar nuestra "verdadera alma gemela". Puede ser que estés viviendo con tu alma gemela y no lo sepas, pues tu carga emocional no te permite ver mas allá de tu dolor, de tu decepción, de esa frustración que se siente cuando tu pareja no te entiende, o simplemente no se conecta contigo.

El conocerte más profundamente y saber qué está pasando en tu vida te permitirá entender mejor a tu pareja, y esta es la vía más rápida para encontrar respuestas a esas dudas que mantienen separadas a las almas.

Puede ser que yo no me esté conectando conmigo mismo y vea reflejada mis propias carencia en mi pareja. En ocasiones me preparo y me dispongo a tener una empática conversación con mi esposa, en la que busco establecer un área en común donde ambos podamos hablar y entendernos, pero por alguna u otra razón nuestra comunicación se interrumpe con la aparición de nuestro ego, que simplemente como amigo fiel sale a proteger esa parte de nosotros que pudo haber sido herida en la conversación. En ese mismo instante es donde debemos aprender a aceptar el ego como parte de nuestra vida y dirigirlo, conducirlo, sentarlo en una silla aparte y que espere allí tranquilo mientras terminamos de comunicarnos mi esposa y yo.

Como escribí en anteriores capítulos, cuando existen relaciones en crisis y se coloca sobre la mesa la idea de seguir juntos o separarse, en ese momento no sabemos si es mejor continuar casados o si el divorcio es la salida correcta, pero de lo que sí debes estar seguro es de que tienes que sanar con la persona que tienes a tu lado, pues si rompes abruptamente sin sanar, te vas a conseguir el mismo problema en la siguiente relación con una persona distinta, y es allí donde dirás que "todos o todas son iguales". Claro que van a ser iguales, solo hasta que tú entiendas qué es lo que tu espíritu, cuerpo y mente necesitan; solo hasta que tu niño, joven y adulto se conozcan; solo hasta que tu yo, el ello y el superyó se integren en tu esencia; solo hasta que ese amor de Eros, Filia y Ágape hagan las paces en tu relación; y solo hasta que el deseo, el amar y el querer se fundan en un sólido compromiso entre tú y tu pareja.

REFERENCIAS

Ahlem, Lloyd H. *Crisis, Cambio y Conflicto.* Miami. Editorial Vida. 1980. Págs. 21-24.

Carrera Penas, Kathy. Id, Ego y Super ego. *Psicología de la Personalidad* (blog). 1 de diciembre de 2009. Disponible en:

http://psicoperblog.blogspot.com/2009/12/id-ego-y-superego.html

Dyer, Wayne. *El* Cambio. (Grabación en vídeo). Hay House Films. 2009. DVD: 120 min.

Riso, Walter. *Ama y no sufras.* Grupo Editorial Norma Bogotá. 2003. Págs. 16-20.

www.ingramcontent.com/pod-product-compliance
Lightning Source LLC
Chambersburg PA
CBHW060810050426
42449CB00008B/1621